As palavras
e os danos

Diálogo sobre a política da linguagem

Jacques Rancière
Javier Bassas

As palavras
e os danos

Diálogo sobre a política da linguagem

Tradução de Lílian do Valle

editora 34

SOFIE - Sociedade Brasileira de Filosofia da Educação
sofiefilosofia.org

Editora 34 Ltda.
Rua Hungria, 592 Jardim Europa CEP 01455-000
São Paulo - SP Brasil Tel/Fax (11) 3811-6777 www.editora34.com.br

Copyright © Editora 34 Ltda. (edição brasileira), 2024
Originally published in Spain as:
El litigio de las palabras by Jacques Rancière & Javier Bassas
© 2019, Ned Ediciones
All rights reserved by and controlled through Ned Ediciones

A FOTOCÓPIA DE QUALQUER FOLHA DESTE LIVRO É ILEGAL E CONFIGURA UMA APROPRIAÇÃO INDEVIDA DOS DIREITOS INTELECTUAIS E PATRIMONIAIS DO AUTOR.

Capa, projeto gráfico e editoração eletrônica:
Franciosi & Malta Produção Gráfica

Revisão:
Alberto Martins, Beatriz de Freitas Moreira

1ª Edição - 2024

CIP - Brasil. Catalogação-na-Fonte
(Sindicato Nacional dos Editores de Livros, RJ, Brasil)

Rancière, Jacques
R152p   As palavras e os danos: diálogo sobre
a política da linguagem / Jacques Rancière
e Javier Bassas; tradução de Lílian do Valle. —
São Paulo: SOFIE/Editora 34, 2024 (1ª Edição).
120 p.

ISBN 978-65-5525-191-3

Tradução de: Les mots et les torts

1. Filosofia francesa contemporânea.
2. Estética. 3. Política. I. Bassas, Javier.
II. Valle, Lílian do. III. Título.

CDD - 194

As palavras e os danos

Prefácio
A dupla política da linguagem
  em Jacques Rancière, *Javier Bassas*.................. 7

LINGUAGEM E IGUALDADE
A linguagem e o pensamento:
  de Althusser a Rancière................................. 13
O dissenso: motor da escrita igualitária?............. 33
A tradição do ensaio e a escrita de Rancière.......... 41
Logos e *phoné*: uma política de animais?.............. 44

LINGUAGEM E EMANCIPAÇÃO
Os limites da atividade política............................ 53
Política do idioma: Rancière x Derrida................. 63
A lei e a escrita: a saturação e seu exterior 74
Linguagem e palavra revolucionária..................... 77

Linguagem e imagens

Das aparências ao aparecer:
   cenas de emancipação 83

Palavra e imagem:
   a história dos regimes da arte 87

A linguagem figurada: filosofia e literatura............ 97

Sobre os autores....................................... 111
Sobre a tradutora..................................... 113

Prefácio
A dupla política da linguagem em Jacques Rancière

Javier Bassas

A questão da linguagem em Jacques Rancière suscita um duplo interesse em todo aquele ou aquela que entende o alcance político da palavra, que é sensível ao que está em jogo em qualquer texto.

Observemos, primeiramente, que Rancière não enquadra suas reflexões segundo a perspectiva e os objetivos, por exemplo, da "virada linguística", que converte o problema do referente em problema de linguagem, ou da filosofia analítica, que se consagra à identificação dos erros e ambiguidades da linguagem cotidiana. Tampouco orienta seu pensamento sobre a linguagem em direção a uma filosofia da comunicação, ou a uma hermenêutica que busque esclarecer os mal-entendidos e os diversos níveis de interpretação dos textos. Isto porque, seguindo outros caminhos, o pensamento sobre a linguagem é, em Jacques Rancière, um pensamento político.

Contudo, no autor, a relação entre linguagem e política não é simples, mas se declina, se assim se pode dizer, de múltiplas maneiras. Ela diz respeito, primeiramente, à partilha do sensível (isto é, aos modos de dizer associados aos modos de ver, de fazer etc.) e às capacidades de cada um face a identidades e papéis definidos em um consenso (quem pode falar e quem não pode falar numa dada situação). Mas as palavras são, também, para Rancière, um campo de batalha, pois com elas é um certo tipo de mundo que aparece, um certo tipo de povo e também um certo tipo de subjetividade que se configuram. É que essa relação entre linguagem e política dá lugar a desentendimentos encobertos na declaração de igualdade, como ele explica claramente em seu livro intitulado *O desentendimento*.[1] Entre linguagem e política, Rancière nos convida a pensar igualmente as relações entre teoria e prática, ideias e ação, palavra e imagem, pois todas estas relações levantam múltiplas questões acerca do papel do pensamento, do filósofo, do ensino: como, por exemplo, reverter o primado da teoria sobre a prática? Que relação não hierárquica pode-se estabelecer entre as ideias e as ações, sem que estas sejam compreendidas como simples efeitos do pensamento? Que relação igualitária pode-se estabelecer entre as imagens e as palavras?

---

[1] Jacques Rancière, *O desentendimento: política e filosofia*, São Paulo, Editora 34, 2018, 2ª ed.

Em segundo lugar, na condição de filólogo e tradutor de algumas obras de Jacques Rancière em espanhol, meu interesse por sua linguagem se desdobra, por assim dizer, num nível prático: sua práxis de escritura, a maneira como ele escreve e fala me interessa. E, isto, precisamente, sob a perspectiva da relação entre linguagem e política: a maneira como se escreve não seria também uma questão política? Penso que, falando e escrevendo sobre qualquer tema, a posição de enunciação que o locutor adota — as estratégias e modos de enunciação a que ele ou ela recorre — se revela mais importante para o sentido e o efeito que essas palavras podem ter do que o enunciado, ou seja, o conteúdo mesmo, a ideia ou a mensagem de tal enunciação.[2] A filosofia, os filósofos de quase todas as disciplinas (metafísica, filosofia política, filosofia da história, da ciência, da arte etc.) quase sempre esquecem, apesar de algumas exceções, da importância da práxis da escrita para o sentido, para a política do sentido. Meu gesto aqui tenta, então, colocar o "como" se escreve (posição de enunciação, modos de enunciação, ritmos — em resumo, a práxis da escritura) no mesmo nível do "que" se escreve. Ou, para dizê-lo com noções

---

[2] Em linguística: o enunciado (em termos correntes, uma frase); aquilo que é enunciado (o sentido do que foi dito); o/a enunciante (o sujeito da enunciação); a enunciação (o ato de enunciar, tendo em conta a posição, o momento e o espaço a partir dos quais se enuncia).

próprias ao autor, poder-se-ia afirmar que o "como" da escrita foi e permanece o sem-parte de todo o texto (de toda a "comunidade textual") face ao poder, face ao privilégio dominante e hierarquizante do "que", conteúdo, da mensagem do texto.

Se fosse o caso de transpor o que tenho aprendido em minhas leituras e traduções de Rancière, descreveria sua concepção política da prática da escrita pela figura do "desdobramento" que constitui o gesto, de acordo com o próprio Rancière, do processo de emancipação: assim como o proletário se *desdobra* em si mesmo e no burguês, assim como o plebeu se *desdobra* em si mesmo e no patrício, aqui também ocorre um *desdobramento* no âmbito da linguagem. Há um desdobramento entre, por um lado, a teoria, o conteúdo e, por outro lado, a prática, os modos de enunciação: o "como" da escrita se *desdobra*, então, em si mesmo e no "o que", para interromper essa desigualdade de sentido na comunidade textual. A prática da linguagem diria então à teoria: "eu *como* você" (eu também conto na recontagem do texto, eu também tenho capacidade de sentido, eu também faço política etc.).

Com esse gesto de desdobramento linguístico, não faço senão insistir no que já se encontra mais ou menos explícito no pensamento de Rancière, embora seja pouco estudado por seus intérpretes; desimplico, portanto, o que já se evidencia em afirmações enfáticas de Rancière, como esta: "O que temos constatado, finalmente, é que o efeito político de uma teoria depende menos do conteúdo de suas enunciações do que da posição de enunciação que adota".[3] Assim, com um formato indisciplinado a meio caminho entre o diálogo, a entrevista, a análise de ambos os interlocutores, gostaria de desenvolver aqui as consequências desta afirmação, que atribui o efeito político de uma teoria ao "como" de sua enunciação, antes do que ao conteúdo de suas enunciações. A igualdade textual está em jogo, ou seja, também, a igualdade política.

* * *

Este livro tem origem em um seminário que organizei, em La Virreina Centre de la Imatge, em Barcelona, em abril de 2018, com a participação de Jacques Rancière e no quadro de minha investigação intitulada *Ojo al lenguaje!* (Olho na linguagem!). Tendo como base o diálogo assim estabelecido, Rancière aceitou completar por escrito suas reflexões e responder a novas perguntas. A versão atual deste texto, concluída em janeiro de 2019, foi inteiramente revista pelo autor, ao qual devo agrade-

---

[3] Jacques Rancière, "L'Arme théorique d'un recommencement du marxisme", entrevista em A. W. Lasowski, *Althusser et nous*, Paris, PUF, 2016, p. 245.

cer especialmente pelo rigor e generosidade, tão inabituais hoje em dia, e também a Valentín Roma, diretor de La Virreina, por possibilitar de forma atenta e entusiasta todo este projeto.

Linguagem e igualdade

A LINGUAGEM E O PENSAMENTO:
DE ALTHUSSER A RANCIÈRE

Javier Bassas — Para bem registrar o que está em jogo nesta primeira pergunta, gostaria de enfatizar desde o início que, em sua concepção, a política não se define como essência do ser em comum, nem como gestão do poder, nem como estabelecimento de leis ou a criação de instituições governamentais. Estas são, com efeito, as definições mais comumente utilizadas, acepções que lhe são geralmente atribuídas, mas que não esclarecem o sentido da política tal como você emprega em seus textos. Para dizê-lo nos termos que você propõe em *O desentendimento* e em outros livros, a política é uma questão de emancipação, uma atividade que busca demonstrar a hipótese da igualdade a partir dos danos, e que é levada a cabo por um sujeito que você denomina como os "sem-parte" — aqueles e aquelas que estão submetidos, num consenso, a uma lógica desigualitária que os exclui da contagem dos que contam.

Especialmente a partir da noção de "sem-parte", você distingue sua concepção da política da arquipolítica, da parapolítica e da metapolítica.[1] Em seus trabalhos, a política não é a exclusão da parte dos sem-parte (exclusão levada a cabo pelo que você denomina de "arquipolítica", que remete à designação fixa de funções e papéis sociais, tal como propõe Platão); a política não é tampouco, para você, a inclusão da parte dos sem-parte no todo do "social" (o que você chama de "parapolítica" e atribui ao pensamento de Aristóteles); de igual maneira, em seu pensamento a política não é a tentativa de capacitar os sem-parte para que tomem consciência, mediante uma ciência reveladora das alienações e das miragens da ideologia (isto seria o que você chama de "metapolítica", tal como se manifesta particularmente no pensamento de Althusser, entre outros). Para você, a política é um assunto de igualdade e, mais precisamente, da capacidade de qualquer um de hipostasiar a igualdade face às hierarquias, às dominações, aos consensos estabelecidos que deixam de fora os sem-parte e que, desta maneira, distinguem duas inteligências, duas humanidades: os que pensam e os que fazem, os que sabem e os que não sabem, os mestres e os ignorantes, os que têm tempo e os que não têm tempo etc. Desde a perspectiva, portan-

---

[1] Jacques Rancière, *O desentendimento: política e filosofia*, São Paulo, Editora 34, 2018, 2ª ed., pp. 75 ss.

to, desta concepção de política que parte da igualdade, da capacidade de qualquer um e, sobretudo, da igualdade das inteligências, gostaria de propor algumas reflexões e lançar algumas perguntas relativas a essa concepção da política e sua relação com a linguagem.

Meu interesse volta-se, primeiramente, para a questão da transmissão do pensamento pela escrita ou a fala. Gostaria, assim, de começar por uma questão sobre a relação entre linguagem e pensamento e perguntar como é possível escrever e falar seguindo uma lógica da igualdade, como fazê-lo quando refletimos, quando compartilhamos pensamentos, nossa filosofia, nossos argumentos, nossas descrições. Em especial, gostaria de interrogar quanto à possibilidade e quanto aos modos e giros de linguagem a serem adotados para desenvolver uma palavra que não traia a igualdade que está no fundamento de seu pensamento.

Você afirma que todo pensamento de emancipação se dirige a todos e a todas, a qualquer pessoa. Qualquer atividade que consista em "criar uma obra de pensamento" implica, portanto, forçosamente numa capacidade intelectual comum, sem divisão das inteligências nem dos ofícios. E você conclui: "Como é possível criar uma obra de pensamento com base na suposição de que esse pensamento é a realização de uma capacidade que é privilégio de apenas alguns? [...] O trabalho do pensamento só tem sentido como afirmação de uma capacidade intelectual comum. Seu exercício supõe a ruptura da lógica da divisão de trabalho que faz de uma potência comum um ofício específico".[2]

Para colocar em relevo o que diz esta citação, convocaria as reflexões de Althusser sobre o que é uma "forma de exposição popular da filosofia".[3] Seguindo as observações de Kant sobre as dificuldades do pensamento filosófico, Althusser revela uma contradição que nos interessa aqui por uma dupla razão. Ele escreve: "A filosofia mais abstrata pode e deve ser colocada à disposição dos homens comuns que sabem ler e escrever. Qualquer projeto de filosofia popular [em nota: "Riscado: e, pois, também, o presente projeto de iniciação à filosofia"] encontra-se, pois, preso a uma contradição: de um lado, a filosofia deve poder ser exposta a qualquer homem que pensa e, de outro lado, é difícil colocá-la à disposição sem traí-la".[4] A contradição que Althusser assinala quando imagina uma filosofia popular mostra seu desacordo com o pensamento da igualdade que você defende: expressões tais como "homens comuns", "filosofia popu-

---

[2] Jacques Rancière, "L'Arme théorique d'un recommencement du marxisme", entrevista em A. W. Lasowski, *Althusser et nous*, Paris, PUF, 2016, p. 247.

[3] Louis Althusser, *Être marxiste en philosophie*, Paris, PUF, 2015, pp. 58-9.

[4] *Idem, ibidem.*

lar", "trair", certamente não se inscrevem na perspectiva da igualdade das inteligências, do pensamento e da linguagem comum a todos, da capacidade de qualquer um etc., mas antes no quadro de um pensamento que distingue ideologia e ciência, que separa os que são desviados por miragens das condições que os governam, sem que eles próprios saibam, e aqueles que sabem fazer de outros (proletários, negros, mulheres etc.) seres conscientes de sua condição. Em resumo, as afirmações de Althusser parecem distinguir entre uma filosofia verdadeira (para os sábios) e uma filosofia popular e adaptada (para o povo).[5]

Ora, uma vez reconhecida a distância entre sua posição e aquela de Althusser em relação a qualquer "obra de pensamento", a qualquer projeto filosófico, permanece uma tensão, se não uma contradição, que se instala na transmissão de qualquer pensamento: como falar e escrever desde a, e em direção a, igualdade? Que estratégias de linguagem devem ser colocadas em ação para não endossar a posição daquele que sabe? Não se abriria necessariamente durante a transmissão de um pensamento

---

[5] Isso nos remete às interpretações que tratam os textos literários dos operários como sendo "palavra operária", pensamento operário ou voz propriamente operária. Interpretações que Rancière rejeita explicitamente em seus textos. Ver, por exemplo, *La Parole ouvrière* (Paris, La Fabrique, 2007) e *Le Philosophe et ses pauvres* (Paris, Fayard, 1983). (N. de JB)

uma separação hierárquica entre aquele que sabe e aquele não sabe? Enfim, como você responderia às críticas que lhe foram dirigidas, que afirmam existir uma grande distância entre sua escrita e o que você defende sob o nome de emancipação intelectual?[6]

Jacques Rancière — No pensamento e na escrita, sempre me empenhei em rejeitar a maneira clássica de colocar o problema da transmissão do pensamento, que consiste em conceber a transmissão como o trabalho para preencher uma lacuna. Afirma-se a filosofia como um

---

[6] A propósito da crítica que Sabine Prokhoris faz a Jacques Rancière em relação à sua prática de escrita, em seu texto intitulado "The Sharing of Uncertainty", a autora afirma: "Deve-se assinalar uma perplexidade bastante real em relação à iniciativa e ao método de Rancière, a sensação de uma espécie de *contradição* não resolvida — mas talvez seu valor resida justamente nessa tensão — entre sua aparente preocupação política com a dissolução democrática das hierarquias — começando *por aquela instituída através da posição do Mestre* — e uma maneira de construir sua intenção que — tanto para os objetos tratados como para os leitores/ouvintes de suas obras — é realmente esmagadora. Na verdade, independentemente do que Rancière diz a respeito — ele afirma que 'sempre buscou desfazer formas de pensamento globalizantes' — e apesar de sua recusa, *frequentemente repetida, em ocupar um lugar 'no trono da explicação'*, permanece o fato de que muitas de suas afirmações, para não mencionar suas posições de enunciação, contradizem explicitamente essa preocupação declarada". Ver Oliver Davis (org.), *Rancière Now: Current Perspectives on Jacques Rancière* (Cambridge, Polity Press, 2013, p. 106) (itálicos meus). (N. de JB)

sistema de ideias abstratas: levanta-se, então, a questão de como apresentá-las para torná-las acessíveis às pessoas que não estão acostumadas a lidar com abstrações. Ora, está claro que essa maneira de colocar a questão já resolveu o problema, já respondeu e já tornou impossível a tarefa, essencializando a lacuna que pretendia preencher. De fato, ela faz da distinção formal entre o abstrato e o concreto uma distinção entre dois tipos de seres humanos. Ela constrói um mundo onde há homens do abstrato e homens do concreto, homens sábios e ignorantes, pessoas que argumentam e pessoas que simplesmente relatam. Se a questão da igualdade tem sentido é porque ela se coloca, não no nível da transmissão de um pensamento, mas no nível de sua constituição, no nível do tipo de mundo comum que configura por sua maneira de se identificar e de se formular. A questão não é: como a filosofia vai poder se transmitir aos não filósofos sem trair o rigor que a define? Ela é: como se constitui esse rigor? Como ele se distingue da maneira de pensar e de falar dos não filósofos? É aqui que a questão da escrita intervém, porque a diferença entre a palavra do filósofo e a do profano é obrigada a se formular numa linguagem que é comum. E é nestes modos de escrita que a filosofia é frequentemente levada a anular de fato as distinções e as hierarquias que ela emprega, que ela mesma se dedica a fundar. Eu me interessei por esses pontos singulares em que a distinção dos modos da palavra se anula a si mesma. Meu livro *Le Philosophe et ses pauvres* analisa um exemplo na *República* de Platão. Platão considera que há duas maneiras opostas de falar da justiça: a do homem comum e a do filósofo. A justiça é primeiramente descrita na linguagem do homem comum: Sócrates interroga um homem chamado Céfalo, que deve saber o que é a justiça, já que todos o reconhecem como homem justo. E ele responde, à maneira dos mercadores, que a justiça consiste em dar uma coisa igual à que se recebeu. Ora, Platão não vai opor a esta definição do homem comum uma definição filosófica abstrata de justiça. Após ter deixado ao sofista o cuidado de refutar o honesto mercador, afirmando que a verdadeira justiça é aquela que permite aos mais fortes receber mais, Platão vai responder com uma outra cena, capaz de deslocar e destituir a cena original. Ele vai contar uma história, uma gênese ficcional da cidade que remete, de fato, a uma divisão do trabalho. É evidente que essa divisão não é economicamente funcional. Seu papel é designar lugares e, mais especificamente, o lugar dos artesãos, que não devem se ocupar com o pensar, pois, sendo sua tarefa trabalhar com suas mãos, não têm mesmo tempo para outra coisa senão este trabalhar com suas mãos. Eis como, sem conceitualização abstrata, a justiça é redefinida como uma outra maneira de dar a cada um o que lhe é devido: uma hierarquia de lugares e de tempos, de posições e de capacidades dos seres. Mas o modo de expressão empregado por Platão para redefinir a justiça como uma ordem hierárquica nega a desigualdade que ele declara, pois ele o faz por meio de um relato. Ele faz um uso da linguagem que é, portanto, da mesma ordem daquele do homem comum interrogado anteriormente. E conclui sua construção por uma história suplementar, a dos três metais diferentes que o deus teria colocado na composição de três tipos de homens, e cuja distribuição desigualitária constituiria o princípio da justiça. Há, pois, no discurso filosófico, um ponto em que a igualdade desmente a desigualdade. Busquei instalar-me nesse ponto de igualdade, extraindo daí todas as suas consequências. Diga-se de passagem, é isto que diferencia meu método de todos aqueles que acreditam servir à causa da igualdade e à do pensamento lúcido: fazer a operação inversa, mostrando a desigualdade escondida por atrás de todas as formulações de igualdade, mostrando, em suma, que a igualdade é sempre uma aparência e que somente a desigualdade é real.

O problema é, então, o de construir o espaço para estes pontos de igualdade, de estabelecer, entre os textos filosóficos e outros textos, relações de igualdade, de construir pontes entre as palavras que parecem pertencer a registros totalmente diferentes e, finalmente, a mundos absolutamente heterogêneos. Por exemplo, entre esse texto de Platão em que ele afirma que o operário deve permanecer em sua oficina porque ele não tem tempo de fazer outra coisa, pois "o trabalho não espera", e textos operários do início do século XIX que falam também do tempo, da ausência de tempo como sendo o essencial da condição dos operários. Platão identifica uma restrição empírica a uma distribuição simbólica de posições que a absolutiza. Os operários também descrevem seu tempo vivido como submetido a uma distribuição simbólica de posições. Eles dizem: "o tempo não me pertence", mas eles tentam se livrar desta restrição, se apropriar do tempo que não lhes pertence. E a própria formulação desta restrição é uma maneira de começar a recusá-la. Há, pois, um filósofo que explica que o trabalho não espera e que os operários não têm tempo para pensar; e os textos operários que dizem a mesma coisa, mas, ao mesmo tempo, a reformulam como a expressão de uma luta contra essa partilha do tempo. O filósofo e os operários falam da mesma coisa, mas essa comunidade nunca aparece como objeto do pensamento, porque os textos são de pronto distribuídos em registros diferentes — a filosofia, a história social, a sociologia etc. — e esta própria distribuição reproduz a hierarquia que estes textos suprimem. Com efeito, os textos de Platão são recebidos como a expressão de um pensamento conceitual enquanto os textos dos operários são tratados como expressão de uma situação e do sofrimento que a situação produz. Distingue-se, portanto, um bloco de linguagem que é tratado como pensamento e um bloco de linguagem e de pensamento também que é tratado como material a ser entendido como efeito de um fenômeno material, como efeito de uma situação e de um sofrimento que devem ser relacionados a uma causa material.

É aqui que pode intervir um outro giro de escrita para recolocar em questão essa distribuição. Busquei instaurar pela escrita um plano de igualdade entre blocos de linguagem e blocos de pensamento normalmente separados, uns colocados do lado do pensamento que explica, os outros do lado da matéria a ser explicada. Se a igualdade na minha escrita tem um alvo é primeiramente este, e não a relação daquilo que escrevo com o destinatário eventual de meu discurso. O processo igualitário não é aquele que busca preencher uma lacuna, mas aquele que coloca em questão a topografia sobre a qual ela está assentada. Trata-se de construir, pela escrita, a cena de igualdade entre blocos de linguagem normalmente considerados como pertencendo a esferas diferentes.

Isso quer dizer que a escrita não é um instrumento que serve para transmitir o pensamento. Ela é um trabalho de pesquisa que produz o pensamento. E ela produz o pensamento deslocando as posições normais que definem o que é e o que não é pensamento. Eu escrevo, portanto, colocando-me no meio de um universo de linguagem existente, seja ele um texto filosófico, uma carta de um operário a um outro operário, um romance, a descrição de uma obra de arte, enfim, qualquer pensamento que se apresente sob a forma de um bloco de linguagem pertencendo a um domínio particular. Eu busco introduzir-me nesses blocos a fim de deslocá-los para definir um plano onde eles se comuniquem, onde haja um objeto de pensamento comum, que existe e que se exprime numa linguagem comum. Trata-se de construir uma espécie de história comum a partir desses blocos de linguagem heterogêneos, de colocá-los em movimento até a constituição de um plano de igualdade.

Nesse trabalho, as escolhas estilísticas são, na verdade, escolhas de pensamento que vão todas no mesmo sentido. Em relação às palavras e aos relatos de que me aproprio, realizo deslocamentos de tipo horizontal, que os fazem mover, movendo as fronteiras que supostamente separam as esferas de linguagem e de níveis de discurso. Trata-se especialmente de romper as fronteiras que supostamente separam o discurso da ciência e o discurso de seu objeto. As operações normais, aquelas da lógica explicativa, são operações verticais. Elas explicam uma forma de discurso por um processo causal que se mantém subjacente e do qual ela é, a uma só vez, o efeito e o desconhecimento. Estas operações verticais da lógica explicativa separam produções de linguagem de seu sentido, o que significa que elas separam também a maneira como fala o pensador ou o especialista da maneira como fala aquele ou aquela que é objeto de seu discurso. É a esta lógica de separação e de hierarquização que eu quis me subtrair em, por exemplo, *A noite dos proletários*.[7] Neste livro, eu a substituí por operações de reformulação, de reordenação de frases, operações de condensação, de comparação, de deslocamento que entrelaçam as articulações de meu discurso com aquelas dos textos operários que, em termos habituais, constituíam "meu objeto". Utilizei também, para dar a esses textos um outro modo de visibilidade, sequências expressivas e significantes que vinham de outro lugar — de textos filosóficos, romances ou dramas e, eventualmente, árias de óperas. Em *O mestre ignorante*,[8] tentei criar uma linguagem que permitisse comunicar a maneira como se fala hoje com o discurso de um homem que escrevia nos anos 1820, mas com categorias e formas de expressão que são aquelas do século precedente.

Assim, a escrita foi para mim um meio de produzir o encontro *de facto* entre discursos heterogêneos que falam da "mesma" coisa, mas que são habitualmente colocados em universos sem comunicação entre eles. É uma arma igualitária, ou antes, uma arma cuja potência igualitária deve ser suscitada e desenvolvida. Isto implica pra-

---

[7] *A noite dos proletários: arquivos do sonho operário*, São Paulo, Companhia das Letras, 1988.

[8] *O mestre ignorante: cinco lições sobre a emancipação intelectual*, Belo Horizonte, Autêntica, 2004.

ticar uma forma de discurso que põe em questão as separações normais entre gêneros — por exemplo, entre a argumentação e a narração. Frequentemente adotei um estilo narrativo para ligar discursos via de regra separados pela barreira da explicação. Mas esta narração também não obedece à lógica hierárquica da narração clássica; ela procede por momentos, por cenas, por blocos. O livro *O desentendimento*,[9] que você citou, foi construído um pouco assim: há blocos de discursos construídos em torno das fórmulas de Platão ou de Aristóteles, que pertencem ao *corpus* filosófico e há o relato da secessão dos plebeus no Aventino, que é uma história reinventada, relatada por um escritor e filósofo; há ainda a argumentação que dá base a uma greve de alfaiates, construída como uma cena de discursos etc. São blocos de discursos que vão se comunicar, momentos que se desdobram, não como um fio contínuo, mas como cenas que reagem umas às outras.

O importante é criar um tecido de linguagem e de pensamento partilhado, ao contrário das operações da lógica explicativa. Pois com a igualdade, o problema não é de nela acreditar ou não, mas de construí-la por um trabalho contínuo da escrita. É preciso deslocar a cena normal da transmissão, que é assim figurada: há um pen-

---

[9] *O desentendimento, op. cit.*

samento — que está na cabeça de um pensador — e seu destinatário a quem é preciso transmitir este pensamento. Nesta posição normal, pensa-se que a "boa" vontade democrática consiste em reduzir o intervalo entre o ponto de partida e o ponto de chegada, em tornar simples uma ideia difícil. Mas a clareza que assim se produz é a clareza explicadora, no sentido que lhe dá Jacotot.[10] É uma clareza obtida pela aplicação da lógica desigualitária. Aplicada esta lógica desigualitária que trata o universo de palavras como matéria a ser explicada e remetida a sua causa, então a explicação redutora que coloca cada um e cada coisa em seu lugar produz, de fato, uma certa clareza. É um paradoxo que é preciso enfrentar: a lógica desigualitária produz, ao estabilizar os lugares, um tipo de clareza que é frequentemente considerado como uma forma de igualdade democrática. Em contrapartida, a lógica da igualdade, tal como tento praticar, confunde as referências habituais e produz, assim, uma paisagem de pensamento que é menos legível. É o que acontece, em geral, com a maneira como minhas frases são lidas. Estas

---

[10] Joseph Jacotot (1770-1840) é figura central de *O mestre ignorante*. O "método Jacotot", que tornou seu criador famoso no início do século XIX, na França, proclamava a igualdade das inteligências e, opondo a emancipação intelectual às práticas correntes de instrução do povo, afirmava que um ignorante podia ensinar a outro ignorante o que ele mesmo não sabia. (N. da T.)

frases são, de fato, operações que buscam modificar um universo de linguagem. Eu me introduzo nas palavras e nos enunciados dos outros — filósofos, escritores, militantes ou gente chamada comum — para fazer com que derivem, para arrancá-los de sua designação particular a um gênero, a uma disciplina, uma posição de enunciação e deles fazer manifestações de um pensamento comum. Mas o que acontece muito frequentemente é que as frases assim produzidas, que pertencem a um processo de metamorfose, são isoladas deste processo, elas são compreendidas como teses e, então, como "minhas" teses. Em seu estudo *Ensayar la igualdad*,[11] você cita uma crítica que quer provar que eu contradigo em minha prática minhas afirmações teóricas sobre a igualdade. Para tanto, a autora destaca uma frase de uma entrevista em que critico as afirmações dogmáticas do "modernismo" que consideram Maliévitch, Schönberg ou Mondrian os heróis da autonomia da arte, isolando suas declarações de ruptura de todos os "problemas de sinestesia, de construção de cenário individual ou coletivo da vida, de utopias da comunidade, de novas formas de espiritualidade etc." em meio aos quais estas declarações se inscrevem. A autora transforma assim minha crítica às simplifica-

---

[11] Ver Javier Bassas, *Jacques Rancière: ensayar la igualdad* (Barcelona, Gedisa, 2019). Rancière faz referência aqui às críticas que Sabine Prokhoris dirige contra sua escrita (ver nota 6, acima). (N. de JB)

ções dogmáticas em seu contrário: na posição do especialista que afirma a incapacidade do profano de apreciar uma obra se ele não conhece seu contexto.

Essas operações são possíveis porque, praticando esse modo de escrita igualitária — que se introduz num pensamento, convertendo-o em anônimo e tornando-se, ele próprio, anônimo —, eu confundo as referências identitárias. E isto cria, evidentemente, uma certa flutuação. O leitor se pergunta se é o autor que diz isso ou se não é ele, se é "sua" tese, sem pensar que esse devir-outro, ou esse devir-anônimo é precisamente o modo segundo o qual o pensamento circula. Há, então, aqueles que se põem a denunciar o fato de que o autor diga uma coisa em tal lugar e o contrário em outro etc. Mas se duas frases em meus livros se contradizem, isso não quer dizer que "eu" me contradiga, mas que essas duas frases produzem uma circulação diferente do pensamento em encadeamentos diferentes. Logo, é verdade que é menos "legível" — isto é, menos conforme aos protocolos de leitura estabelecidos — e diz-se então que é "elitista". É preciso, contudo, sublinhar que são frequentemente universitários ou jornalistas que dizem que é ilegível, que é muito complicado. Acreditam tomar desta forma o partido dos "ignorantes". A posição acadêmica e a posição midiática consistem, sempre, em tomar a posição dos ignorantes, dizendo: "você escreveu isso, mas por acaso as pessoas vão entender?". Na verdade, sua pretensa solicitude para com os ignorantes encobre duas coisas: sua própria incapacidade em admitir o que foge aos esquemas de leitura a que estão habituados, e seus preconceitos em relação às inteligências comuns, às quais atribuem a preguiça intelectual que de fato é a deles. Minha resposta é: vocês não podem saber o que as pessoas vão compreender. Não há por que antecipá-lo. E a própria palavra "compreender" institui o corte [*coupure*] que vocês dizem querer suprimir.[12]

Não há, na verdade, nada a "compreender" em meus textos. É preciso apenas que aceitemos nos mover com eles. Procedo por deslocamentos que tentam produzir novas relações entre sentido e sentido. É uma nova paisagem do sensível e do pensável. O problema não é que o destinatário "compreenda", se aproprie do sentido que há por trás das palavras, do sentido do que quero dizer. A questão não é o que o texto quer dizer, mas o que o texto lhe diz. A questão é que a destinatária ou o destinatário possa se inscrever, por sua vez, nesta paisa-

---

[12] Com a palavra *coupure*, no original, Rancière remete indiretamente a toda a polêmica com Althusser a respeito da chamada *coupure épistémologique*, ou corte epistemológico, segundo o qual existiria uma brecha irredutível entre ciência e ideologia, entre os que sabem as causas da alienação e os alienados, entre os teóricos de tal ou qual partido (como o Partido Comunista Francês) e os operários submetidos a mecanismos de sujeição que supostamente desconhecem. Para bibliografia e desenvolvimento da questão em Javier Bassas, ver *Ensayar la igualdad, op. cit.* (N. de JB)

gem, o que não significa que ela ou ele compreenda o sentido de todas as palavras, ou o que há na cabeça do pensador. Com efeito, não há nada na minha cabeça, nada de interessante, em todo caso. Meu pensamento está inteiramente nas minhas frases, nos meus livros. Não há nada na minha cabeça que eu esconda por trás do que digo. A questão é de saber se a destinatária ou o destinatário aceitará mover-se com o texto, dele fazer alguma coisa, inscrever-se nesta paisagem de pensamento anônimo e aí traçar seus próprios caminhos.

É preciso assumir o fato de que a lógica igualitária entra em contradição com a lógica pedagógica normal, que é regulada pela ideia de que há aprendizagens definidas a realizar, saberes determinados a adquirir. Para esta lógica normal, o problema consiste em determinar qual é a boa maneira de se adquirir um saber, segundo que ordem convém progredir etc. O método igualitário, ao contrário, é um método que não prescreve o que se deve fazer. Isso quer dizer que qualquer situação institucional, inclusive a situação de uma conferência, quando há alguém que fala numa tribuna e pessoas que escutam, é sempre um freio no processo igualitário. O processo igualitário sempre funciona melhor quando não há condicionamentos institucionais, situação institucional, quando não há objetivos a serem cumpridos. A igualdade está sempre mais à vontade na relação de um leitor com um livro que ele escolheu ler, que ele abre onde quer e que lê na ordem que bem deseja. A igualdade está sempre mais à vontade nesta relação de um leitor com um livro que não lhe dita seu uso, do que numa relação condicionada de um aluno com seu professor e com os exames que este professor deve ajudá-lo a realizar. E está mais à vontade quando a apropriação se faz num domínio que é heterogêneo em relação ao campo normal de validação de um trabalho. O que é, evidentemente, contrário aos modos de identificação disciplinares. Durante muito tempo, os historiadores diziam acerca do que eu escrevia: "isso é filosofia", enquanto os filósofos diziam: "isso é história". Os primeiros queriam dizer que o trabalho que não seguia o "método histórico" para validar os fatos era coisa de filósofos — aqueles que se ocupam de abstrações; os segundos, que esse trabalho que relatava histórias, em lugar de proceder por conceitos, era coisa de historiadores, que são pessoas da empiria. Logo, fica claro que a palavra igualitária tem seu lugar ali onde não mais se está num campo disciplinar. Pode-se pensar particularmente no destino de um livro como *O mestre ignorante*, que, quando de sua publicação, não foi praticamente lido por nenhum professor. Ele foi lido essencialmente por dois tipos de pessoas: psicanalistas e, em seguida, artistas, sobretudo pelo pessoal da dança, que o significavam por referência à sua prática e à maneira como ela produzia efeitos sobre espectadores e sobre futuros profissionais da dança.

Em resumo, meu trabalho próprio consistiu em deslocar o lugar em que a questão da igualdade habitualmente se coloca, deslocando, ao mesmo tempo, a relação corrente entre o pensamento e sua expressão. O que provoca, sem dúvida, alguns paradoxos. Mas é justamente sob a forma do paradoxo que a verdade traça seu caminho.

O DISSENSO: MOTOR DA ESCRITA IGUALITÁRIA?

Javier Bassas — O caminho que você descreveu e que permite compreender melhor como os modos de escrita também são uma questão política e podem efetivamente construir ou não processos igualitários, talvez não seja o único caminho pertinente para abordar sua escrita. Parece-me que há em seus textos certos gestos de escrita que podem nos ajudar a aprofundar a relação entre linguagem, política e igualdade. Uma análise que poderia construir uma outra figura, e que é talvez complementar àquela que você acaba de traçar, distinguiria em seus textos três modos de escrita que não se identificam com os blocos argumento/narração, pensamento/sofrimento, filosófico/histórico etc., que você acaba que evocar: um modo de escrita dissensual, um modo de escrita disjuntivo-conjuntivo e um modo de escrita ensaístico.

O modo de escrita dissensual concerne à origem da

escrita e, mas particularmente aqui, à origem de suas reflexões. Em um texto já citado, Althusser afirma acerca da origem da filosofia: "começaremos nossa exposição sobre a filosofia por qualquer tema".[13] Para desenvolver essa afirmação, ele propõe uma distinção entre filósofos idealistas, que têm "de direito um começo absoluto" (o *cogito*, por exemplo), e os filósofos materialistas, entre os quais Althusser se inscreve e que "sempre pegam o trem em movimento [...], sem estação de partida, sem estação de chegada, portanto, sem origem nem fim". A filosofia é, pois, para ele, como história, um processo e, mais precisamente, um processo sem sujeito.[14] Para Althusser, pode-se, portanto, começar por qualquer tema, já que sempre se parte de um processo sem sujeito.

Ora, a origem de suas reflexões parece completamente diferente: como princípio "metodológico", como motor de seu pensamento, no início de seus textos há sempre a identificação de um consenso, de uma situação que, explícita ou implicitamente, carrega uma desigualdade. E é a partir da análise e da suspensão desse consenso que você desenvolve seus argumentos: por exemplo, a atividade política não é a busca da tomada de consciência pela ciência de uma alienação ou de uma si-

---

[13] Louis Althusser, *Être marxiste en philosophie*, op. cit.

[14] *Ibidem*.

tuação desigualitária (*A noite dos proletários*); o ensino não se articula a partir do mito pedagógico de um mestre que sabe e de um ignorante que não sabe (*O mestre ignorante*); os textos dos operários são mais do que uma simples "palavra operária" (*La Parole ouvrière*);[15] a política não é uma questão de gestão de especialistas, nem a busca de um acordo, nem a atribuição de lugares em toda a sociedade (*O desentendimento*, *Nas margens do político*);[16] a democracia não é o governo de indivíduos egoístas (*O ódio à democracia*);[17] o cinema não é o objeto de uma teoria especializada (*As distâncias do cinema*);[18] a estética não é uma teoria do belo nem o discurso teórico que impede o desenvolvimento da arte enquanto tal (*Mal-estar na estética*);[19] a arte moderna não é a busca de autonomia de cada disciplina artística (*Aisthesis*);[20] A ficção não é a questão de mundos imaginários (*O fio perdido*, *As margens da ficção*)[21] etc.

---

[15] Ver, a propósito, nota 8, acima.

[16] *Nas margens do político*, Lisboa, KKYM, 2014.

[17] *O ódio à democracia*, São Paulo, Boitempo, 2014.

[18] *As distâncias do cinema*, Rio de Janeiro, Contraponto, 2012.

[19] *Mal-estar na estética*, São Paulo, Editora 34, 2023.

[20] *Aisthesis: cenas do regime estético da arte*, São Paulo, Editora 34, 2021.

[21] Respectivamente, *O fio perdido: ensaios sobre a ficção moderna*, São

Sua filosofia parece assim deslocar a distinção proposta por Althusser entre o idealismo e o materialismo: você pratica um terceiro caminho, que não é nem a crença numa origem absoluta de direito (origem que se imporia por necessidade lógica ou sistemática) nem a afirmação de uma origem qualquer, não importa qual, mas a identificação e a constatação de uma desigualdade consensual, como aquelas que acabo de citar. Como você se coloca nesse debate entre idealismo e materialismo acerca da origem da filosofia?

Jacques Rancière — Não estou certo de que se possa identificar a escolha do ponto de partida de uma obra de pensamento, um livro, por exemplo, com a decisão relativa à origem deste próprio pensamento, sobretudo quando esta é concebida como uma escolha entre o idealismo e o materialismo. Além disso, parece-me impossível definir o materialismo pela possibilidade de partir de qualquer ponto, pois, no materialismo marxista, tal como ele se define originalmente, parte-se de origem definida, que é a produção da vida material. Esta origem é constantemente oposta por Marx a uma má origem, idealista, que teria o pensamento como origem. Mas, ainda uma vez, as teses sobre a origem do pensamento

---

Paulo, Martins Fontes, 2017, e *As margens da ficção*, São Paulo, Editora 34, 2021.

são uma coisa, os pontos de partida efetivos de um processo de pensamento singular, uma outra.

Sobre o segundo ponto, o marxismo oscilou constantemente entre duas maneiras de começar, dois tipos de início: um que é a célula original (por exemplo, a mercadoria), outro que é "análise concreta de uma situação concreta". Do meu ponto de vista, esta oscilação entre dois polos corresponde, na verdade, aos *membra disjecta* de uma visão da ciência segundo a qual ela garantiria o vínculo entre a simplicidade dos primeiros princípios e sua aplicação nas escolhas mais concretas da luta política. Althusser não cessou de se debater no seio desta tensão. Vê-se bem que ele gostaria de opor ao combate titânico do espírito e da matéria um marxismo fundado em análises de figuras e de momentos concretos. Ao mesmo tempo, ele aderiu ao marxismo num tempo em que o combate de titãs estava em primeiro plano, de modo que se vê constantemente atraído para ali onde queria estar: para a atualidade e a complexidade de uma "situação concreta". Pensemos na maneira como o gigante "idealismo" e o gigante "materialismo" se enfrentam nos *Cours de Philosophie pour les scientifiques*[22] ou na *Réponse à John Lewis*,[23] obras que respondem, no entanto, a

---

[22] Louis Althusser, *Cours de Philosophie pour les scientifiques*, Paris, François Maspero, 1974.

[23] Louis Althusser, *Réponse à John Lewis*, Paris, Maspero, 1973.

conjunturas específicas. A ideia do trem em movimento marca, de fato, o deslocamento tardio de seu pensamento, influenciado por Deleuze, mais do que pela tradição do materialismo marxista. E este deslocamento se operou num momento em que ele havia renunciado a desempenhar um papel ativo como filósofo e militante comunista.

No que me concerne, eu nunca me interessei muito por essa luta entre o idealismo e o materialismo. Cedo fui levado a vê-la como uma figura entre outras da ruptura [*coupure*] estabelecida entre dois tipos de seres humanos: os que estão do lado da matéria e os que estão do lado do espírito. Disse o essencial a este respeito no início de *A noite dos proletários*: o elogio dirigido aos operários bem enraizados na produção da vida material, na cultura popular e na luta coletiva é uma maneira de construir um mundo onde eles permanecem em seu lugar e deixam aos intelectuais o privilégio do pensamento.

Conheci o marxismo num tempo em que o problema não era saber se o elemento primeiro era a matéria ou o espírito, mas saber como o pensamento podia sair de seu lugar próprio. Eu entrei em Marx a partir de seus textos de juventude, nos quais se esperava que a filosofia se tornasse mundo. Conheci, em seguida, o período maoista, em que se esperava que os intelectuais descessem do cavalo para ir ver o que se passava nas usinas, nos bairros populares. Mais tarde, abandonei as discussões teóricas sobre a "teoria do sujeito" para mergulhar nos arquivos operários; nestes arquivos, encontrei operários que se ocupavam de poesia ou de especulações filosóficas em vez de se ocuparem da cultura popular etc. No meio-tempo, eu fiz a experiência de uma cinefilia que suprimia completamente a distinção entre um cinema popular e um cinema artístico. Em resumo, a experiência da igualdade está ligada para mim àquela do deslocamento e do apagamento de fronteiras que excluem ou hierarquizam. A partir daí pode-se definir a inspiração essencial do meu trabalho de pesquisa e de minha maneira de escrever. Esta inspiração essencial consistiu em opor um mundo de igualdade sem fronteiras às identificações e distinções de um pensamento desigualitário. Ela guia meu modo de escrita dominante — dominante, ao menos, nas obras que partem de um processo de escrita autônomo (diferentemente dos livros que reúnem intervenções submetidas aos limites da forma oral). A forma dessa escrita é a forma da narração que constitui obra "teórica" deslocando referências que servem ordinariamente para localizar o objeto de que trata. É o que você chama de "modo ensaístico". Esse termo me parece cômodo para designar o modo de escrita que escapa da classificação de gêneros e de disciplinas, mas ele designa, também, uma certa forma de exibição de si e de diletantismo que está muito distante de minha maneira de escrever.

Não estou certo de que se possa distinguir estritamente, em minha escrita, os três modos de você descreve. Eu diria, antes, que há um modo de escrita fundamental que opera, por si só, um deslocamento igualitário, e que há, além disso, maneiras de destacar este deslocamento, de pontuá-lo, dizendo do que ele se diferencia. É um modo que se pode dizer "crítico", e que você descreve como dois modos: o dissenso afirmado em relação a um sistema de identificação constituído e o modo conjuntivo-disjuntivo que recusa, quanto a ele, uma oposição constituída. Não tenho certeza de que essas pontuações definam propriamente um modo de escrita; elas obedecem, de fato, à necessidade de revelar o dissenso que está em jogo no modo narrativo utilizado. Poderíamos dizer que são os marcadores da operação dissensual que é, na verdade, levada a cabo pelo próprio desenvolvimento da narração. São as referências que introduzem ao que é sem referência. Decerto a distribuição de papéis é variável. Nos dispositivos de escrita que conheço, esses marcadores situam-se mais adequadamente na introdução ou na conclusão do texto. Mas outro é o caso quando se trata de textos em que a polêmica adota uma figura direta (como em *A lição de Althusser*)[24] ou em textos de conferências em que há necessidade de anun-

---

[24] Jacques Rancière, *A lição de Althusser*, São Paulo, Ciências Revolucionárias, 2024.

ciar um argumento e sua polêmica, e de usar o modo narrativo como ilustração, o que compromete de uma certa maneira minha forma de proceder, em nome da obrigação de clareza própria ao dispositivo retórico da exposição pública.

A TRADIÇÃO DO ENSAIO E A ESCRITA DE RANCIÈRE

Javier Bassas — Permita-me insistir sobre o fato de que há, em sua escrita, um certo número de traços que se poderiam considerar como ensaísticos: uma recusa da distância entre o sujeito e o objeto da escrita — recusa, pois, da objetividade, da neutralidade, do caráter fechado do discurso especializado, ausência quase total de notas e do encadeamento lógico das reflexões, distanciamento da sistematicidade e dos gêneros disciplinares, assim como um trabalho de reflexão por e nas próprias palavras etc. Todos esses traços convergem para o que denominei de "modo ensaístico" em seus textos. Mas qual é, então, sua genealogia? Seria uma genealogia propriamente filosófica? Seria pertinente situá-la em uma linhagem ensaística, tal como se pode entendê-la na tradição ocidental desde, ao menos, Montaigne? E, assim como o romance está para a escrita literária, seria possível afirmar que o ensaio é para você a forma "democrática" da escrita filosófica?

Jacques Rancière — Tal afirmação equivaleria a construir, mais uma vez, uma fronteira e uma hierarquia no seio de uma paisagem teórica imutável. A noção de ensaio recobre, de fato, variadas coisas. Por um lado, pode-se dizer que é o gênero sem gênero, que abole a distribuição dos discursos segundo gêneros e disciplinas. Porém, esse gênero sem gênero é facilmente qualificado como um gênero menor, uma filosofia do pobre, e muitos ensaístas justificam este julgamento, em sua pressa em extrair conclusões sobre questões que estudaram superficialmente, pela ausência de rigor de seus raciocínios, pelo caráter apelativo de suas formulações e aproximativo de suas referências.

No que me concerne, há uma distinção a ser feita. É verdade que não me preocupo em exibir sinais exteriores de rigor filosófico e científico, como aqueles que acreditam estar criando uma obra teórica rigorosa ao nomear como axioma enunciados que são simples expressões de opiniões.[25] Da mesma forma, dispenso essas bibliografias que citam todos os autores que escreveram sobre um assunto, mesmo se não foram lidos, limitando o uso de notas às referências de textos que utilizo. Mas eu não fa-

---

[25] Rancière parece apontar aqui para a prática de Alain Badiou, cuja posição ele questiona também em outros trabalhos recentes, como, por exemplo, *En quel temps vivons-nous?* (Paris, La Fabrique, 2017, pp. 38 e 41-2). (N. de JB)

lo jamais de um assunto sem tê-lo longamente estudado. Relembro de passagem, e já que isso me parece às vezes necessário, que um mestre ignorante é alguém que não conhece o efeito sobre outra pessoa do saber que produz, e não alguém que fala daquilo que ignora. Eu verifico palavra por palavra e frase por frase o sentido daquilo que digo e a coerência de meus encadeamentos, mais do que fazem muitas pessoas que alardeiam seu rigor, mas cujo rigor é essencialmente retórico. Pois, como já disse, a escrita é, para mim, um processo de investigação e é o progresso dessa investigação que verifico ao escrever.

Se eu tivesse que buscar ascendências ou analogias, não seria, portanto, na tradição da escrita ensaística, mas antes nos diferentes tipos de trabalho que deslocaram as fronteiras entre os gêneros. O modelo mais imediato disso foi, para mim, Foucault, que fazia filosofia contando a história do hospital ou da prisão. Fui também marcado por Barthes, que trabalhava justamente na fronteira do ensaísmo clássico, da crítica literária e da teoria. Encontrei ecos na maneira como Walter Benjamin utilizava o material histórico para colocar em questão a prática de historiadores e de teóricos da história. E fui sem dúvida marcado por uma tradição da filosofia das luzes (principalmente Voltaire e Diderot) que dissiparam igualmente as fronteiras entre literatura e filosofia, ou entre filosofia e crítica de arte, mas também a fronteira separando a seriedade do jogo.

Logos e phoné:
uma política de animais?

Javier Bassas — Gostaria agora de abordar a distinção que você propõe entre *logos* e *phoné*, por um prisma que não é o mais habitual, ainda que outros leitores a ele tenham recorrido para formular uma objeção a seu pensamento.[26] Esta distinção toma em seu pensamento um valor político que concerne à partilha primeira, num consenso dado, entre aqueles e aquelas que podem articular um pensamento de justiça (porque possuem o *logos*) e aqueles e aquelas que não exprimem senão a dor e a alegria (porque só possuem a *phoné*). Partilha essencial entre, por um lado, aqueles e aquelas cuja palavra é considerada como tendo um valor e uma dimensão políticos — especialistas e profissionais legitimados, em outras palavras, todos e todas que pertencem naturalmente ao todo de uma comunidade — e, por outro lado, aqueles e aquelas cujas palavras não exprimiriam nada de político e seriam consideradas somente como registro de sentimentos — como alguns definem a fala do povo, as reivindicações dos sem documentos,[27] dos imigrantes,

---

[26] Ver, por exemplo, Evelyne Grossman, *Éloge de l'hypersensible*, Paris, Éditions de Minuit, 2017, pp. 19-24. (N. de JB)

[27] Vale registrar que no Brasil, em 2015, na última pesquisa censitária, o PNAD estimou em 3 milhões o número de brasileiros documentados

dos trabalhadores precarizados, das mulheres ou pessoas LGBTQIA+, enfim, dos sem-parte. Partilha crucial, cuja suspensão, interrupção, constitui precisamente para você o ato mesmo de emancipação. Mas será que concebendo a política apenas a partir do *logos*, não se reproduz a hierarquia profundamente enraizada na história (humano/animal, cultura/natureza, razão/sentimento)? Como pensar nesse quadro a dominação da espécie humana sobre outras espécies?

Jacques Rancière — É preciso ser claro a esse respeito. Eu não disse que a política era fundada sobre a posse do *logos* que separou os humanos dos animais. De maneira geral, sempre me recusei a definir a política a partir de uma propriedade antropológica, ou de uma propriedade do ser racional. Eu sempre parti da tensão entre duas definições da política que se encontram, ambas, em Aristóteles, isto é, lá mesmo onde a filosofia se apodera da política. Há, no autor, duas maneiras de pensar a especificidade da política. Primeiramente, a política como uma atividade que tem uma característica muito particular: o sujeito da ação e o objeto da ação, o sujeito sobre o qual essa ação, se exerce são o mesmo. A política se distingue pelo fato de que, diferentemente de outros tipos

---

e, ainda assim, sem acesso aos direitos básicos. Poder-se-ia, também, em nosso contexto, mencionar os sem-terra, os sem-teto etc. (N. da T.)

de atividade, é o mesmo sujeito que exerce o poder e é aquele sobre o qual o poder se exerce. É, portanto, um sujeito paradoxal que, em Atenas, recebe o nome de *demos*, povo — esse sujeito mais ou menos enigmático que é, ao mesmo tempo, ativo e passivo. A política é assim definida por uma atividade onde as posições se invertem. Mas há, no próprio Aristóteles, um segundo tipo de definição: a política é a realização positiva de uma propriedade humana distintiva: o *logos* que manifesta o justo e o injusto, diferentemente da *phoné* animal, que exprime somente a satisfação ou o sofrimento.

Têm-se, portanto, duas definições que, de longe, parecem encadear-se por dedução: porque os humanos falam e debatem entre eles, eles podem realizar essa dupla função de serem sujeito e objeto da mesma ação. Mas, quando se olha mais de perto, vê-se que a concordância se fissura, porque a questão que se coloca é: como reconhecer que aquele que emite sons com sua boca fala verdadeiramente e possui verdadeiramente a linguagem? Aristóteles recorre imediatamente à questão do escravo: ele compreende a linguagem, porque ordens lhe são dadas e porque, para executá-las, ele deve compreendê-las. Logo, ele é um ser falante; no entanto, ele não é, evidentemente, contado como um sujeito político detentor de *logos*. Para resolver essa contradição, Aristóteles propõe uma distinção extraordinária: ele diz que o escravo tem a compreensão da linguagem e a *aisthésis* da linguagem, mas que ele não a possui, ele não tem a *hexis*. Em outras palavras: é possível emitir sons articulados e compreender aqueles que os outros emitem, sem no entanto ser um falante. Ora, é justamente essa diferença que está no cerne da política: tem-se um critério que parece muito claro, mas o que não está claro é a maneira de aplicá-lo. Não se está jamais seguro se aquele que articula sons com sua boca é possuidor de uma linguagem qualificada para participar da discussão política. É evidente que, por trás de Aristóteles, pode-se ouvir Platão, que tinha dito, justamente, que o povo em assembleia, o *demos*, não era uma reunião de humanos discutindo, mas um povo de animais que aplaudia ou que grunhia segundo o que lhe causavam as palavras do orador: prazer ou desprazer.

Se a política tem um sentido para mim, ela não se define pela posse do *logos*, mas por ser uma atividade que põe em questão a oposição entre *phoné* e *logos*. A política é possível porque há pessoas que, consideradas como animais barulhentos, afirmam que falam, demonstram que falam e constroem o mundo sensível no qual suas performances vocais são performances de seres falantes. Como você lembrou, isto acontece todos os dias: há um discurso oficial, um discurso governamental, um discurso midiático, que explicam por que as coisas são como elas são e não podem ser de outra maneira. E há pessoas que se põem a desfilar nas ruas, a gritar palavras dissonantes que vão ser interpretadas pelo discurso dominante como sendo barulho, gritos, sons que nada constroem. A política, tal como a entendo, é então uma atividade levada a cabo por aqueles e aquelas que podem articular essa querela numa linguagem que se dirige a todos os humanos, ou que pode ser compreendida por todos os humanos. Desse modo, encontramos a segunda definição da política — a saber, que há seres que têm a capacidade de serem sujeito e objeto da mesma ação.

É o que sempre tentei dizer, falando notadamente de direitos humanos. Há uma velha querela que diz que os "direitos humanos" não valem nada, porque o homem nu[28] não tem nenhum direito. A isto eu respondi que os direitos humanos são alguma coisa que toma seu sentido a partir do momento em que há pessoas que podem expressar esses direitos, colocá-los em cena, construir uma história, uma reivindicação, uma luta a partir desses direitos. Não se têm direitos simplesmente porque se é um ser humano, ou porque se sofre, mas porque nos mostramos capazes de exercer esses direitos, de ser sujeitos da ação que ativa esses direitos.

---

[28] A querela sobre os direitos humanos faz alusão a Hannah Arendt e seu "discípulo" Giorgio Agamben (notadamente às suas considerações sobre a "vida nua"). Ver Jacques Rancière, "Who is the Subject of the Rights of Man?", *The South Atlantic Quarterly*, vol. 2-3, nº 103, 2004, pp. 297-310 (disponível na internet), retomado na coletânea *Dissensus: On Politics and Aesthetics*, Londres/Nova York, Continuum, 2010. (N. de JB)

Somente a partir daí se pode colocar a questão humano/animal. Está claro que ninguém, não eu em todo caso, pode estabelecer uma fronteira, naquilo que a voz animal formula, entre o que é voz e o que é discurso. Isso quer dizer que nós não temos a possibilidade de compreender animais que formulem um sentido comum que seria partilhado. O que se passa, então, a cada vez que se fala de direitos dos animais é que esses direitos são defendidos por humanos que se declaram seus representantes. Declara-se, por exemplo, que é preciso travar uma luta contra o desaparecimento das abelhas, que é uma forma de dominação inaceitável e prejudicial, mas as abelhas, elas próprias, jamais se reuniram para manter um discurso que coloca em ação o direito das abelhas. O mesmo se dá quanto à querela acerca da necessidade de restabelecer a biodiversidade em países como os nossos, onde há muitas montanhas, reintroduzindo, por exemplo, lobos e ursos. Face a isto, pastores se inquietam em defesa de suas ovelhas. Mas, nem os ursos, nem os lobos, nem as ovelhas irão se reunir para resolver essa querela. São sempre os humanos que vão tomar a defesa de uns e de outros. Isso não quer dizer que esses problemas não devam ser levados em conta, mas que esta questão não é um conflito político. Penso que é preciso introduzir uma distinção e dizer que a atividade política não é uma atividade que pode resolver todas as relações de dominação. A atividade política é uma atividade que se introduz no quadro de relações de dominação entre humanos. O que não significa absolutamente que não nos importem os animais, que se considere legítimo matá-los, comê-los e fazer tudo o que se quiser com eles etc. Digo somente que esta é uma questão que foge do quadro de ação política, no sentido estrito, porque o objeto da dominação jamais poderá se constituir como sujeito da querela.

O mesmo para as coisas. São bem conhecidas as discussões que têm lugar em torno da ideia de um Parlamento das coisas.[29] Esta reivindicação responde à ideia de que os animais, as coisas, os lugares devem entrar na gestão do mundo comum e que é preciso, portanto, que sejam todos representados. Mas aí também é evidente que serão os humanos que irão representá-los. E estes representantes serão, em geral, especialistas, cientistas, engenheiros. Em torno dessa ideia viu-se naturalmente renascer a oposição formulada no século XIX pelos saint-simonianos entre o governo dos homens, considerado como uma coisa do passado, e a administração das coisas, chamada a substituí-lo. Viu-se renascer uma certa

---

[29] Jacques Rancière faz referência à proposição de Bruno Latour: "Ele [o Parlamento das coisas] estende às coisas o privilégio da representação, da discussão democrática e do direito", in Bruno Latour, "Esquisse d'un Parlement des choses", *Écologie & Politique*, vol. 56, nº 1, 2018, pp. 47-64, disponível em <https://www.cairn.info/revue-ecologie-et-politique-2018-1-page-47.htm>. (N. de JB)

visão tecnocrática da substituição do conflito político pelo debate entre representantes dos diversos problemas em jogo.

Há que se distinguir, finalmente, duas coisas: por um lado, a questão da dominação em geral e das formas de dominação; por outro lado, os modos de luta contra a dominação. Isso dito, a questão permanece: não se sabe onde se situa a fronteira entre *phoné* e *logos*. Permanece, também, o fato da utilização feroz dos animais pelos humanos, embora pareça-me problemático que se possa resolvê-lo sob a forma de uma atividade política. Quando os humanos intervêm nesta querela, eles o fazem na condição de gestionários do vivente, e não como sujeitos e objetos da mesma ação.

Linguagem e emancipação

Os limites da atividade política

Javier Bassas — Sua afirmação de que a "atividade política não pode resolver todas as relações de dominação" me deixou pensativo e levantou duas perguntas relacionadas, a primeira, ao domínio pré-reflexivo, e a segunda, à potência da militância e do ativismo.

A primeira pergunta parte do que você acaba de constatar: que a distinção entre *logos* e *phoné* não é uma questão de propriedades e que, portanto, nunca se estabelece de maneira fixa e permanente. Você também afirma que sequer sabemos onde se situa a fronteira entre *logos* e *phoné*. Então, a noção de "política" que você adota de alguma forma se articula a partir de uma certa reflexividade própria ao *logos* e, mais geralmente, a partir do fato de manter uma consciência de si que, como condição necessária, permite a um ser que se ponha como sujeito e objeto de uma reivindicação igualitária, ou melhor, de uma atividade política.[30] Parece-me que isto dei-

---

[30] Jacques Rancière fala, a este respeito, de "reciprocidade" mais do que de "reflexividade". Uma reciprocidade da política que, em seu pensa-

xa de fora da política (da reivindicação igualitária) uma dimensão bastante ampla da vida: acaso não há atos, manifestações, atividades que contestam a desigualdade e reivindicam a igualdade, mas não se articulam numa estrutura de reflexividade ou de "reciprocidade", para dizê-lo em seus termos? Por exemplo: não haveria no corpo de homens/mulheres, inclusive na voz de cada corpo (no grito humano ou animal, e penso aqui no grito em Artaud) que se expressa com prazer ou dor, não haveria na ordem das sensações pré-verbais, no discurso pré-discursivo, no pré-reflexivo uma dimensão política? Digo "política" no sentido de que contestam a desigualdade de uma maneira que não requer, no entanto, a estrutura da coincidência do sujeito e do objeto da ação igualitária, estrutura que parece necessitar de uma consciência de si (e também ter um nome, um estatuto) e que assume, portanto, uma posição antropocêntrica e logocêntrica. Ou, para formulá-lo de outro modo, acaso não podemos identificar certos atos, certas atividades que manifestam uma *phoné* que não deixa de ser uma *phoné* (o grito, a expressão de prazer, de dor, sem uma reflexividade efeti-

---

mento, teria lugar não entre humanos, mas sim entre os lugares que um humano pode ocupar e, mais precisamente, o lugar do sujeito e do objeto de uma ação que reivindica igualdade. De toda maneira, isto também se constitui num dos aspectos de minha pergunta: a relação entre reflexividade e reciprocidade na definição da política. (N. de JB) va, sem consciência de si, sem devir *logos*, sem atingir o nível da fala), mas que mesmo assim estão comprometidos com a igualdade, com a atividade política?

Jacques Rancière — O problema aqui está na equivalência que você assume entre duas coisas: "estar comprometidas com a igualdade" e "estar comprometidas com atividade política". Eu sempre faço duas distinções: primeiramente, a política não se identifica ao exercício de relações de poder. Ela implica um certo tipo de relação de poder, aquele em que o exercício do poder não é exercício de nenhuma superioridade objetivável (nascimento, saber, riqueza etc.). Em segundo lugar, a esfera de aplicação da igualdade não se limita àquela da prática política. A prática política é uma certa forma de exercício da igualdade sob o modo de constituição de um sujeito específico na exposição de um dano. É a forma de atividade coletiva pela qual aqueles e aquelas que não são escutados(as), reconhecidos(as) como detentores(as) de uma capacidade comum se fazem escutar e reconhecer. Há muitos tipos de exercícios da dominação e de afirmações de igualdade que não passam por esta forma específica. Em qualquer atividade em que o sujeito está em relação com outro sujeito, há uma tensão entre uma maneira igualitária e uma maneira desigualitária de tratar esta relação. O conflito da igualdade e da desigualdade está em toda parte, mas isto não quer dizer que tudo possa ser tratado nas formas de ação de um coletivo político. Isto é um ponto.

Outro ponto é a grade de leitura que você usa, a do reflexivo e do pré-reflexivo, que vem da fenomenologia e é completamente estrangeira à minha problemática. Você diz que eu excluí o pré-reflexivo em favor do sujeito consciente de si, mas para mim a questão do sujeito político não se coloca, absolutamente, nestes termos. Um sujeito político não é uma entidade que se relaciona a si e produz atos em consequência desta relação a si. Um sujeito político é o resultado de um processo de subjetivação. Esta subjetivação não se define pela relação a si de um sujeito, mas pela constituição de um certo campo de experiência. E duas coisas caracterizam a construção deste campo de experiência: um questionamento da relação entre ruído e palavra, e uma forma de inclusão do outro — convocado como aquele que deve lhe responder, mesmo que este outro não reconheça nesta interlocução o caráter de um ato de palavra. O sujeito político se constitui por meio desta forma de interlocução assimétrica, deste modo paradoxal de inclusão do outro. Ele existe por meio destes atos e o sentido comum paradoxal que delineiam, e não como uma consciência de si identitária. Isso significa que os elementos desta interlocução são definidos pela maneira como reconfiguram um mundo comum, e não em função das características próprias da linguística ou da psicologia. Em uma cena de interlocução, há muitas maneiras de dirigir-se ao outro: atos sem palavra, discursos construídos, *slogans*, gritos, silêncios. E a própria palavra "grito" pode designar todo tipo de coisas: uma reação psicológica, um ato de linguagem, uma dramaturgia estética, uma metáfora. *Le Cri du Peuple* [O Grito do Povo] era também o título de um jornal cujos redatores escreviam com efeitos estilísticos aprendidos na escola. É preciso evitar a fixação de produções de sentido em categorias determinadas *a priori*. O que é importante é o modo de combiná-las, a maneira como se juntam para produzir a exposição e o tratamento de um dano.

Javier Bassas — Permita-me insistir na questão dos limites da atividade política, ou melhor, sobre a potência ou impotência do que você entende por "atividade política". Queria perguntar, agora, se a atividade política é a única que pode contestar e transformar uma situação de desigualdade, mas de um ponto de vista diferente do anterior. Não mais a partir do âmbito do pré-reflexivo, do corporal, do grito, da dor, mas da relação entre a atividade política e a atividade militante ou ativista.

Retomando sua resposta sobre a relação entre política e animais, pergunto-me, primeiramente, pelas consequências do fato de que a sua definição da atividade política — como a resposta igualitária que, ante uma situação de desigualdade, um ser que é ao mesmo tempo sujeito e objeto da ação oferece — resulta impotente para ajudar a transformar a "utilização feroz" — são suas palavras — dos animais por parte dos humanos. O que podemos, então, fazer com todas essas possibilidades de resposta e de contestação de uma situação desigualitária que não são "políticas", no sentido estrito que esta palavra ganha em seus textos, mas que são, sim, transformadoras? E, a este respeito, qual é sua posição perante atividades transformadoras que poderemos chamar de "militantes" ou "ativistas", fundadas, segundo você, em relações não igualitárias de "gestão" ou de "representação", atividades que buscam muitas vezes "a tomada de consciência" e que se projetam em direção ao futuro e não no presente, mas que são, de todo modo, necessárias para uma grande parte das lutas?

Como segunda parte da minha pergunta, queria transpor a questão ainda para outro âmbito e perguntar-lhe quais são, segundo sua concepção da arte política e da escrita igualitária, as consequências destas outras atividades transformadoras. Acaso não haveria uma arte militante, uma arte ativista, uma arte de esquerda, também, de igual maneira como haveria uma escrita militante e uma escrita ativista (dentro e fora da filosofia) que contêm também uma capacidade de transformação, de contestação da desigualdade?[31]

---

[31] No caso do cinema, por exemplo, veja-se a distinção entre cinema

Jacques Rancière — Sob dois aspectos diferentes, somos efetivamente confrontados com a questão das fronteiras indecisas da política. Partamos de uma consideração geral: uma atividade dissensual é uma atividade que desloca as fronteiras e a distribuição dos papéis. Isto significa que a definição de suas próprias fronteiras é sempre problemática. Este é o ponto que eu havia desenvolvido nas minhas "Dez teses sobre a política"[32] para contestar a oposição arendtiana entre a esfera da liberdade política e a esfera da necessidade econômica e social:[33] a política começa quando a fronteira que separa o que é político daquilo que não é encontra-se contestada (assim como a arte começa quando se encontra contestada a separação entre o que pertence às artes mecânicas e o que pertence às artes liberais).

Este ponto tendo sido relembrado, as duas questões que você levanta concernem, efetivamente, a dois

---

político, militante ou de esquerdas na entrevista de Jacques Rancière em 1976 a S. Daney e S. Tubiana, "L'image fraternelle" (disponível em <https://www.diagonalthoughts.com/?p=1472>), que recupero em minha entrevista com ele: "El poder del cine político, militante, 'de izquierdas'. Entrevista a Jacques Rancière", *Cinema Comaparaltiv Cinema*, nº 2, 2013, pp. 9-17 (disponível na internet). (N. de JB)

[32] *Nas margens do político*, op. cit., pp. 137 ss.

[33] Hannah Arendt, *A condição humana*, Rio de Janeiro, Forense Universitária, 2007, 10ª ed.

problemas centrais da delimitação do político: um refere-se à relação entre a prática política e o exercício da igualdade em geral, o outro à relação entre política e polícia. Acredito que é correto reservar o nome de "prática política" para a prática que coloca em ação um sujeito específico na constituição coletiva de um dano. No entanto, há evidentemente uma pletora de situações e de ações em que a igualdade se encontra em jogo sem que haja uma tal constituição específica. Não temos, porém, palavras para designá-las e, em consequência, as chamamos políticas num sentido amplo da palavra. É assim que falei de uma "política da literatura" para designar o fato de que a literatura se constitui num certo tipo de mundo comum cujas formas são mais ou menos igualitárias ou desigualitárias, independentemente das causas específicas a que elas possam eventualmente servir. Em minha prática de palavra e de escrita, a igualdade e a desigualdade estão em jogo a todo momento, como eu evocava há pouco a respeito do problema da "transmissão". Na condição de indivíduo, preocupo-me com o tipo de mundo comum que construo nas frases que escrevo, na maneira pela qual me dirijo a um auditório ou a estudantes. Está aí em jogo uma "política da escrita", no sentido de uma distribuição específica de lugares do sujeito que fala e do sujeito que escuta esta palavra, do sujeito que sabe e do sujeito que não sabe. Mas não há, por isso, constituição de um sujeito político, como é o caso quando uma ação coletiva interrompe o funcionamento da instituição acadêmica. Há, evidentemente, uma relação entre as duas coisas, elas se influenciam uma à outra, mas são, de toda maneira, duas coisas diferentes. Assim como é diferente a ação de um Godard realizando *La Chinoise* [*A Chinesa*, 1967], ou mesmo filmes mais militantes como *Le Vent d'Est* [*O Vento do Leste*, 1970] e a ação de um Godard contribuindo para interromper o festival de Cannes, ou participando da aventura militante do jornal *Libération*.[34]

A esse primeiro problema vem-se juntar um outro problema de fronteira, relativo à relação entre polícia e política. Por um lado, é possível opor, num nível conceitual, estas noções, dizendo que a polícia concerne à redistribuição das partes no seio de um sistema fixo de lugares, enquanto a política vem justamente contestar este sistema, subjetivando uma parte dos sem-parte. Mas, na prática, as duas são constantemente misturadas. Elas o foram, classicamente, quando das reivindicações ditas econômicas que eclodiram em enfrentamentos entre um mundo de igualdade e um mundo de desigualdade. Elas

---

[34] O já tradicional diário francês, fundado em 1973 por um grupo de militantes de esquerda liderados pelo famoso jornalista Serge July e por Jean-Paul Sartre, retomava o nome de outro jornal, este clandestino e lançado em 1941, em referência ao movimento de resistência durante a Segunda Guerra Mundial e extinto em 1964. (N. da T.)

o são, hoje, em torno da compreensão e da extensão da noção de "sem-parte": num primeiro momento, produzida na conjuntura "humanitária" definida pelo número crescente de populações migrantes e refugiadas. E, em seguida, colocada em primeiro plano pelos problemas de defesa da Terra, do aquecimento climático, da biodiversidade, e outros. Nos dois casos, há atores da situação que, por razões conjunturais ou estruturais, não podem se constituir em sujeitos de um conflito político. Atores exteriores assumem, pois, a gestão da situação — potências estatais ou interestatais, grupos militantes cujo espectro varia desde organizações não governamentais até grupos alternativos. Os primeiros pensam a situação em termos de gestão dos fluxos de população ou de recursos naturais. Os segundos frequentemente oscilam entre lógicas diversas e eventualmente contraditórias: para situações "humanitárias", entre a resposta que deve ser dada imediatamente às situações de desamparo ou sua transformação em exposições de um litígio; para ameaças ecológicas, entre combates definidos para a preservação do meio ambiente ameaçado e problemáticas globalizantes de defesa da Terra; entre práticas de campo militantes de inspiração igualitária e sistematizações científicas, filosóficas e geopolíticas, que apelam para competências hierarquizadas.

Política do idioma: Rancière x Derrida

Javier Bassas — Seguindo com a relação entre linguagem e emancipação, seria interessante abordar também a declaração da igualdade como tal, isto é, em ato, por parte de alguém que expõe um dano que impede a igualdade. A este propósito, você afirma: "A igualdade existe e tem efeitos universais na medida em que é atualizada. [...] O modo de eficácia da universalidade em política é a construção, discursiva e prática, de uma verificação polêmica, de um caso, de uma demonstração. O lugar da verdade não é, aqui, o do fundamento ou do ideal. Seu lugar é sempre um *topos*, o lugar de uma subjetivação num procedimento de argumentação. Sua linguagem é sempre idiomática. Mas o idiomático não é o tribal. É antes o seu contrário".[35]

Gostaria, então, de lhe perguntar qual é o "contrário" do tribal. Trata-se simplesmente de pensar a relação entre linguagem e emancipação como a relação entre o universal e o singular não identitário? E, para pensar essa linguagem "sempre idiomática", seria pertinente convocar um dos pensadores que mais profundamente trabalhou com e sobre o idioma em filosofia, Jacques Derrida? Derrida fez do idioma, com efeito, a prática da es-

---

[35] Jacques Rancière, *Nas margens do político, op. cit.*, p. 71.

crita e o lugar do pensamento de uma singularidade expropriante, isto é, uma singularidade instável que inscreve sempre o idioma como língua do outro.[36] Sem deixar nunca de desconstruir-se, o idioma em Derrida desempenha um papel crucial na relação entre universalidade-singularidade: que pensamento político articula, pois, a seus olhos este trabalho derridiano da escrita filosófica como idioma? De que modo a singularidade do idioma, no trabalho que você realiza, difere da singularidade do idioma no pensamento derridiano? Avanço uma hipótese neste sentido: haveria talvez que interpretar o idioma derridiano à luz da objeção que você lhe dirige em "La démocratie est-elle à venir?", artigo no qual você aponta a impossibilidade do pensamento derridiano de assumir o "como se" da igualdade.[37]

---

[36] Marc Crépon resume da seguinte maneira: "Jacques Derrida designa como *idioma* sua relação singular com a língua: uma língua dele, única em seu gênero, mas que não pode operar senão como língua do outro, irredutível a um pertencimento, seja qual for. Tudo pode ser dito nessa língua, tudo pode ser traduzido nessa língua, ainda que ela mesma resista à tradução. Nessa língua, que gênero de filosofia pode-se praticar? Não uma filosofia clássica, que apontaria para uma tradutibilidade unívoca e universal, senão a *outra filosofia* que ele designa pelo nome de desconstrução". Ver Marc Crépon, *Derrida: la traduction en philosophie*, Paris, Galilée, 2008, especialmente pp. 31-41; cf. também sobre idioma: Paul Delain, *Les mots de Jacques Derrida*, Paris, Guigal, 2004. (N. de JB)

[37] Jacques Rancière, "La démocratie est-elle à venir? Étique et politi-

Em definitivo, toda essa reflexão e todas essas perguntas giram em torno do pensamento político do idioma, seus limites e sua potência, tanto em seus textos como naqueles de Derrida...

Jacques Rancière — Seria preciso articular aqui duas perguntas: a do *topos*, que é também a questão da singularidade, e aquela do idioma. As formas de universalização que atualizam a igualdade não o fazem como propriedade reconhecida do sujeito humano em geral, senão como propriedade contestada, propriedade problemática que só se demonstra no exercício mesmo da construção de um caso. Em outras palavras, a construção de um caso singular é uma maneira de deslocar a oposição entre o particular e o universal, e é também uma maneira de tomá-la pela raiz, que é a partilha do sensível que separa os homens do universal e os homens do particular. Logo, pode-se dizer que o *topos* igualitário é a construção singular de um caso que rompe a partilha, criando um processo de universalização em ato. É este processo que descrevi em *O desentendimento*,[38] com o relato da secessão plebeia no Aventino tal como Pierre-Simon Ballanche a

---

que chez Derrida", *Les Temps Modernes*, 2012, vol. 3-4, nº 669-670, pp. 157-73 ["Should Democracy Come?", in P. Cheah e S. Guarlac, *Derrida and the Time of the Political*, Durham, Duke University Press, 2008.

[38] A secessão dos plebeus romanos no Monte Aventino é tratada por

reescreveu, em 1829, em sua *Formule générale de l'histoire de tous les peuples*.[39] Os plebeus se instalam num lugar e aí instalam sua querela. A partir desse lugar, eles reivindicam aos patrícios um tratado. Estes respondem que isto não era pensável, porque um tratado consiste em dar sua palavra, em comprometê-la e, para dar sua palavra, é preciso falar. Ora, os plebeus não podiam comprometer-se, dando sua palavra, pela simples razão de que eles não falavam. Com efeito, só falam aqueles que têm um nome, pois o *logos* não é apenas o fato de articular uma linguagem, mas de ter um nome, de ter um estatuto, de ser reconhecido como falante. Somente aquele que tem um nome se distingue da massa anônima que só faz barulho. A resposta dos plebeus consiste, então, em produzir toda uma série de atos de palavra que vão imitar os atos de palavra dos patrícios: os plebeus vão se dar nomes, vão consultar oráculos como faziam os patrícios etc. Realizam uma série de atos de palavra *como se* fossem já iguais, *como se* fossem como os patrícios. Eles falam *como se* os patrícios pudessem entender o que eles lhes diziam, *como se* os patrícios pudessem entender que os plebeus

---

Rancière no capítulo 2 de *O desentendimento* (*op. cit.*), "O dano: política e polícia", particularmente às pp. 36 ss. (N. de JB)

[39] Pierre-Simon Ballanche, *Formule générale de l'histoire de tous les peuples*, prefácio de Jacques Rancière, Rennes, Pontcerq, 2017.

eram seres falantes. Por meio de uma série de atos, eles se constituíram como seres tendo parte na constituição simbólica da comunidade (eles escreveram "um nome no céu" diz Ballanche) e eles instituíram a cena de interlocução onde provaram que falavam àqueles que não os escutavam falar.

Esta cena de palavra oferece, pois, um modelo de como forçar a oposição entre *phoné* e *logos*, isto é, entre as pessoas que possuem a *phoné* e as pessoas que possuem *logos*. Para os plebeus, trata-se então de criar toda uma dramaturgia, uma encenação de sua palavra de forma que se imponham como seres falantes. Em *Nas margens do político*, eu havia mostrado como esse modelo funcionava, notadamente para certas greves operárias do século XIX, como as greves dos alfaiates de que também falo em *O desentendimento*.[40] Os operários constroem toda uma cena de argumentação, de discussão pública com os patrões, embora para estes não haja discussão possível, porque para eles o contrato de trabalho é um problema estritamente privado, que diz respeito a um patrão e pessoas individuais que tratam individualmente com ele. Não há cena de interlocução que possa ser constituída entre *os* operários e *os* patrões. Mas os operários fazem como se esta cena existisse. Eles fazem também

---

[40] *O desentendimento, op. cit.*, pp. 67-8.

como se sua palavra coletiva fosse escutada por aqueles para quem ela não pode sequer existir. Eles fazem como se sua palavra coletiva fosse escutada. Em outras palavras, há uma potência de universalização afirmada pela recusa da partilha entre, por um lado, homens que sabem e que compreendem as leis da sociedade e, de outro lado, homens que fazem só barulho para afirmar seus interesses e seu sofrimento. A singularidade da igualdade é a singularidade desta maneira de forçar a oposição. Mas isso, no fundo, significa dizer — e é aqui que se coloca a questão do tribal e do idioma — que o tribal é a linguagem que é declarada boa somente para um grupo determinado. O idioma é uma linguagem que ultrapassa esta separação, uma linguagem da "comunicação", que se forja apropriando-se da língua do outro, das palavras do outro. E é possível apropriar-se especialmente destas palavras que a escrita coloca à disposição por ser bem mais do que a simples prática de transcrição da fala, por ser uma forma de partilha do sensível que cria igualdade, por oposição às posições de enunciação e de escuta que a negam ou a ignoram.

Está claro, com efeito, que a linguagem da emancipação é uma linguagem emprestada, feita de palavras que são tomadas da língua do outro: a língua do direito, a língua das constituições ou a língua poética. Em meu trabalho sobre a emancipação operária, eu comento justamente um texto em que um operário fala a outro operário e cita um verso de Victor Hugo, que diz: "meus dias se vão de sonho em sonho..."[41] e este operário explica a seu camarada que é a eles que essas palavras se aplicam, que são eles que sabem o que essas palavras querem dizer. Isto significa que não há simplesmente uma utilização das palavras do outro, mas também uma apropriação de sua linguagem. Esta apropriação é, ao mesmo tempo, uma "desapropriação" [*désappropriation*] ou uma "depropriação" [*dépropriation*] das palavras do outro: as palavras não são simplesmente arrancadas de seus proprietários, mas também de seu sentido "próprio". A linguagem da emancipação é a linguagem do autodidatismo. Mas o autodidatismo não deve ser pensado como uma afirmação de um *si próprio* autônomo. É uma linguagem que se forma com as palavras da língua do outro, palavras emprestadas que são torcidas e que perdem seu sentido normal, seu sentido legítimo. Pode-se dizer que a luta política é sempre isso. E, aliás, para responder àqueles que protestam, os governos e seus ideólogos dizem sempre que eles não estão utilizando as palavras em seu sentido próprio. A língua da singularidade igualitária é uma língua idiomática que retoma as palavras, que transforma seu uso, que mistura os gêneros e faz variar as relações

---

[41] Em francês: "Mes jours s'en vont de rêve en rêve...". Victor Hugo, "Enthousiasme ", in *Les Orientales, Les feuilles d'automne, IV*, Paris, Gallimard, [1829] 1981.

entre o próprio e o figurado. Pode-se dizer, portanto, que o idioma igualitário é fundamentalmente uma língua emprestada.

É, portanto, possível comparar essa cena de linguagem ilustrada pela secessão dos plebeus no Aventino a outra cena que se encontra em Jacques Derrida: a cena da Torre de Babel no *Gênesis*, que ele comenta em seu livro intitulado *Psyché*.[42] No relato do *Gênesis*, há homens que falam a mesma linguagem e que se entendem e que, em consequência, combinam entre si construir uma torre que chegue ao céu, construir um desafio à potência celeste. Ora, o que é admirável é a finalidade que dão a esta construção: "Façamos para nós um nome a fim de que não sejamos dispersados sobre a face da Terra". É talvez daí que Ballanche tirou a metáfora dos plebeus que "escreveram um nome no céu". Mas a dramaturgia destas duas cenas é muito diferente. Os construtores da Torre de Babel não lidam com homens que se recusam a reconhecer sua humanidade. Estão tratando com Deus, com o absolutamente outro, cuja potência eles desafiam. É quando intervém a punição divina: a separação das línguas. Mas é interessante ver como Derrida comenta esta separação: o que Deus proíbe é uma utopia filosófica, a língua universal que todos po-

---

[42] Jacques Derrida, *Psyché: inventions de l'autre*, Paris, Galilée, 1985.

dem compreender, porque é uma língua transparente, na qual as palavras são o reflexo das coisas. Deus proibiu que a língua opere essa transparência entre as palavras e as coisas, que permite aos homens comunicar-se e compreender-se entre si. O idioma é uma punição imposta por Deus, em lugar de ser uma conquista sobre um mutismo imposto. E é também interessante a maneira como Derrida explicita a punição divina: se Deus impõe o idioma, não é somente pela sua ordem, dizendo: "os homens serão dispersos e falarão línguas diferentes". Deus impõe o idioma pela posição de sua fala, pelo fato de que ele é o único a ser idêntico a ele mesmo, por sua identidade, que não pode ser partilhada. Essa identidade impartilhável de Deus resume-se na identidade impronunciável de seu nome. É, pois, em última instância, a identidade do nome impronunciável de Deus que proíbe, em Derrida — mas não somente nele, é claro —, a transparência das palavras às coisas, a transparência dos espíritos aos espíritos. Ela impõe a opacidade entre as línguas. E ela o impõe em função de uma dependência primeira ao nome impronunciável de Deus: porque há o impronunciável, não haverá transparência, haverá idioma. O idioma que, na cena plebeia, era um excesso é aqui uma carência. Ele marca uma dependência da palavra em relação à potência do outro. Ora, esta potência do outro adota um nome preciso em Derrida, mas também em outros pensadores, como Lyotard: ela se chama "dívida".

O heterogêneo toma a figura da dívida e, é claro, da dívida insolvável.

O idioma da cena igualitária é uma linguagem *emprestada*. Em Derrida, no entanto, o idioma é uma linguagem *em dívida*, uma linguagem que é julgada, não em função daquilo que pode fazer, mas daquilo que *não pode* fazer: não poderá jamais alcançar a transparência, porque tem uma dívida fundamental com um outro e há, assim, uma relação de troca que nunca poderá ser estabelecida. O idioma é, em Derrida, uma condição imposta, ao passo que eu o penso como uma performance estabelecida à força, por empréstimo e desvio [*détournement*]. Isto remete à prática do "como se" que busquei assinalar como essencial à performance política. Em Derrida, a prática do "como se" é impossível: fala-se sempre a língua do outro. E Derrida relaciona esta língua do outro à sua experiência de filho de judeus argelinos na época de Pétain, quando, na Argélia, as crianças judias eram excluídas das escolas públicas: experiência de alguém que deve, pois, habitar a língua francesa sem "possuí-la". Esta situação relembra, efetivamente, o que Aristóteles dizia quanto ao escravo que fala e compreende uma língua, mas não a possui. Pode-se dizer que há dois níveis na análise de Derrida: há a relação à língua do colonizador, da qual os judeus argelinos são reféns; mas essa relação é pensada sobre o fundo de uma relação fundamental de dívida em relação ao nome impronunciável de Deus. De modo que, em qualquer que seja o caso, esta relação de dívida proíbe a operação política do "como se": não se pode fazer *como se*, não se pode fazer *como* os plebeus fazem *como se* pudessem fazer os mesmos atos de linguagem que os patrícios, não se pode tomar emprestada a língua dos patrícios. O que há no lugar do "como se" em Derrida, no lugar deste operador político, é uma tensão entre, de um lado, a soberania e, de outro lado, a hospitalidade. Sabe-se que, em Derrida, o hóspede tem duas figuras: ele é aquele que é preciso acolher, aquele que é preciso proteger, seja ele imigrante, animal etc.; mas o hóspede é também aquele que habita em você sem que você queira, aquele que lhe impõe suas ordens, como o espectro do pai ordena a Hamlet que execute seu ato.

Eis o que eu poderia dizer sobre a política do idioma. Para mim, o idioma nomeia uma operação de linguagem constitutiva da interlocução política. Em Derrida, é uma condição da linguagem que, de certa maneira, esvazia a política redistribuindo os elementos entre a soberania, como reino ilusório do *próprio*, e a hospitalidade, como realização de uma dívida em relação ao *hóspede* sob sua dupla figura: aquele que é preciso acolher e aquele que impõe suas ordens.

A LEI E A ESCRITA:
A SATURAÇÃO E SEU EXTERIOR

Javier Bassas — Em *O desentendimento*, você escreve a respeito da arquipolítica de Platão: "A ordem da *politeia* pressupõe assim a ausência de todo vazio, a saturação do espaço e do tempo da comunidade. O reino da lei é também o desaparecimento do que é consubstancial ao modo de ser da lei ali onde a política existe: a exterioridade da escrita".[43] O que você quer dizer quando, a propósito dessa arquipolítica de Platão e de sua concepção saturante da lei, você escreve que ela torna impossível "a exterioridade da escrita"?

Jacques Rancière — Esta questão deve ser pensada a partir da escrita em Platão, que demonstra precisamente que a escrita não é um simples modo de expressão da palavra, mas uma categoria da re-partilha [*repartage*] do sensível. É o que está no cerne da questão no *Fedro*: a impropriedade da escrita. Tanto quanto no caso do idioma, eu me afasto da forma como Derrida interpreta esta impropriedade. O que me interessa não é a questão da diferença no cerne do *logos*. É a questão da disponibilidade das palavras e de seus efeitos na partilha do sensível.

---

[43] Jacques Rancière, *O desentendimento, op. cit.*, p. 81.

A escrita é retratada e condenada por Platão como um modo de palavra que circula sozinha, em que as palavras não são guiadas por um mestre, encarnadas pela voz que as dirige a um destinatário específico. Para voltar a uma questão anterior, a escrita vem confundir a oposição entre *logos* e *phoné*, colocando à disposição de pessoas consideradas como animais barulhentos blocos de palavras, palavras que não são precisamente quaisquer palavras, mas aquelas que ditam o modo de ser de uma comunidade: Platão denuncia, com efeito, essas leis dos atenienses que são gravadas em pedras no espaço público, disponíveis a todos os olhares e aplicáveis a todos os casos, por oposição à ciência do médico e àquela do verdadeiro político.

Há, então, dois aspectos que estão ligados na denúncia platônica da exterioridade da escrita, mesmo que pareçam à primeira vista contraditórios: a imobilidade da escrita — isto é, o fato de que ela seja deixada órfã, sem mestre que detenha seu sentido e, em consequência, as vias de sua aplicação — e sua mobilidade — isto é, o fato de que o percurso de sua apropriação seja a partir daí deixado ao acaso, que ela possa falar a qualquer um sem distinguir "a quem é preciso falar e a quem não se deve fazê-lo". Pessoalmente, pensei a política a partir deste segundo aspecto: não a intangibilidade da lei escrita, mas a disponibilidade das palavras que inscrevem seu poder de fazer comunidade. Foi como analisei as formas de subjetivação políticas que, na época moderna, se apropriaram das fórmulas dos "direitos do homem e do cidadão" para com elas inventar novas formas de aplicação.[44] É o que se dá no coração da emancipação: a palavra se põe a falar a pessoas a quem não estava destinada: mulheres que dizem: "liberdade e igualdade também se aplicam a nós", operários que dizem que a ideia de República compreende também as relações entre patrão e operário etc. A arquipolítica em Platão é uma proteção contra o duplo perigo da imobilidade e da mobilidade da escrita. Ela se funda na ideia de uma palavra que é móvel, mas que não circula jamais sem um mestre: uma palavra que é guiada pela voz daqueles que são capazes de lhe prestar assistência, de explicá-la e de fazer com que ela diga exatamente o que quer dizer àquele que é seu destinatário, e que é também aquele a quem vale a pena falar. Ela impõe uma lei que nunca está na exterioridade, que se poderia quase chamar de uma lei "biológica", no funcionamento de uma comunidade. É isto exatamente o que Platão organiza sobretudo nas *Leis*, que são leis, porém no sentido de maneiras de ser da comunidade. É preciso lembrar que *nomos*, em grego, quer dizer muitas coisas, não somente lei, mas também a partilha e, portanto, o fato de que cada um esteja em seu lugar. E *nomos* é

---

[44] Cf. Jacques Rancière, *Nas margens do político*, *op. cit.*, e "Who is the Subject of the Rights of Man?", *op. cit.*, pp. 297-310.

também a melodia. O que significa que a comunidade arquipolítica modelo é a comunidade em que a lei anima a conduta dos indivíduos, sua maneira de sentir, de perceber e mesmo seus gestos. Em relação a isto, a exterioridade da escrita se constitui num mal, porque introduz uma distância. E porque o que sempre permanece importante são estas figuras de distanciamento. A partir, portanto, do momento em que uma palavra não tem mestre, o que ela quer dizer, o que ela pode dizer está à mercê daqueles e daquelas que dela se apropriam. O que cria, então, todo tipo de desvios que, do meu ponto de vista, permitem à política existir, mas que, do ponto de vista da política platônica, impedem qualquer bom ordenamento da comunidade.

Linguagem e palavra revolucionária

Javier Bassas — Logo, a escrita oferece, segundo seu ponto de vista, a possibilidade de uma palavra sem mestre. Você a concebe, pois, como aberta àqueles e àquelas que dela querem se apoderar, sem que seja guiada pelos "capazes", os especialistas etc. Mas, num nível fenomenológico, digamos, mais descritivo, o que é uma escrita revolucionária, hoje? Como entender atualmente a eficácia política das palavras, cinquenta anos após as célebres diretivas de Maio de 1968? De que modo as mudanças sociopolíticas foram capazes de modificar nossa relação com uma escrita revolucionária, reivindicativa etc.? E, retomando noções de uma pergunta anterior, quais as eventuais distinções entre uma escrita política, uma escrita militante e uma escrita ativista, se tais distinções lhe parecem pertinentes para pensar hoje a "eficácia da linguagem", a capacidade das palavras de contestar e transformar uma situação desigualitária? Você parece sugerir, em *La Parole muette*, que a palavra eficaz é associada ao regime representativo da palavra.[45] Não haveria um modo de eficácia política próprio ao regime estético?

Jacques Rancière — Deve-se evitar estabelecer uma correspondência rigorosa entre os regimes da arte e os modos da política. Os efeitos de subversão política são

---

[45] Cf. *La Parole muette: essai sur les contradictions de la littérature* (Paris, Hachette, 1998, p. 26), onde se lê: "Le système de la représentation tient à l'équivalence entre l'acte de représenter et l'affirmation de la parole comme acte. [...] Le système de la fiction poétique est placé sous la dépendance d'un idéal de la parole efficace. Et l'idéal de la parole efficace renvoie à un art qui est plus qu'un art, qui est une manière de vivre, une manière de traiter les affaires humaines et divines: la rhétorique" ("O sistema da representação se baseia na equivalência entre o ato de representar e a afirmação da palavra como ato. [...] O sistema da ficção poética é colocado na dependência de um ideal da palavra eficaz. E o ideal da palavra eficaz remete a uma arte que é mais do que uma arte, é uma maneira de viver, uma maneira de tratar as questões humanas e divinas: a retórica"). (N. de JB)

geralmente ligados à sobreposição dos regimes de expressão. Eu analisei, de fato, a distância entre o modo de palavra dos militantes revolucionários e os modos de palavra literária que reescrevem suas performances; entre os oradores das festas revolucionárias e *L'Histoire de La Révolution*, de Michelet, que, em lugar destes oradores, dá a palavra à Terra, às colheitas e às gerações; entre as palavras solenes dos combatentes da insurreição parisiense de junho de 1832 e a palavra muda do esgoto de Paris, que recolhe os restos dos poderes e dos combates em *Os miseráveis* de Victor Hugo. Há uma metapolítica imanente à escrita romântica que faz da palavra muda das coisas a verdade da palavra sonora dos combatentes. Mas o mesmo não se dá na cena política. A palavra sonora dos combatentes, que retoma as fórmulas retóricas da tradição representativa, viola, contudo, a regra comum do regime representativo e da ordem policial: a adequação entre as palavras e aqueles que as empregam. Ela viola o princípio de ordem que impede os criados de falarem a língua dos mestres. Pois os combatentes das barricadas são também esses operários que aplicaram à sua própria condição os versos dos poetas românticos. A eficácia da palavra dissensual é aquela de uma encenação "estética" dos enunciados pertencentes ao regime representativo da palavra. O que significa também que não há palavra que seja revolucionária em si mesma. Há atos de palavra que produzem dissenso ao arrancar as palavras de seu uso ordinário, ou distorcer o sentido que lhes dá o inimigo. Podem-se distinguir hoje muitas formas.

Há, inicialmente, a palavra que interrompe: assim, o *"Dégage!"* [Fora daqui!] dos ativistas tunisianos da Revolução de Jasmim. A expressão vem de um uso ordinário, muito pouco subversivo: é a fórmula que os indivíduos mais grosseiros empregam para afastar aqueles que os incomodam. No caso, esta grosseria se converte numa declaração de ruptura dirigida ao chefe de Estado: "Nada mais temos a tratar contigo, Ben Ali, tu não tens para nós nenhuma legitimidade". Àquele que privatizou a coisa pública para dela fazer sua propriedade, responde-se pelo uso deslocado de uma fórmula que, na vida privada, rompe com a comunicação.

O segundo caso é aquele que subverte a palavra do poder. Eu havia assinalado sua importância na palavra operária e nos movimentos populares do passado. A insurreição operária de junho de 1848 em Paris começou por uma cena de dissenso entre o ministro de Obras Públicas e uma delegação operária. O ministro acreditou ser hábil ao sublinhar que o porta-voz da delegação não era, ele próprio, operário. "Vocês são escravos deste homem?", perguntou ele aos operários para separá-los de seu chefe. Mas o que obteve foi o efeito contrário: os operários tomaram a palavra "escravo" ao pé da letra. Eles partiram e mobilizaram seus irmãos, gritando: "O ministro nos tratou de escravos". Mas é também possível que o termo estigmatizante seja retomado positivamente por aqueles a quem visava. É o que se passou quando da ocupação da praça Taksim em Istambul. O governo tratou os ativistas de "*çapulcu*": algo como "saqueadores" ou "vagabundos". Ora, eles se reapropriaram da apelação injuriosa. E fizeram mais: eles inventaram um verbo e universalizaram essa operação idiomática criando a partir dela um neologismo inglês na fórmula *Every day I am chapulling*: todos os dias eu vagabundeio pelos lugares do poder, eu devasto o território construído pelo poder, o território da submissão.

Há também o deslocamento das palavras de uma esfera para outra. Refiro-me ao *slogan* dos ativistas atenienses: *Na min zisoumi can douli* ("Não vivamos mais como escravos"). Esta fórmula foi emprestada de uma peça de teatro, *Les Bonnes*, de Jean Genet, que estava, à época, sendo encenada em Atenas por um artista que participava do movimento. É a injunção que uma das duas irmãs da peça dirige à outra para incitá-la à revolta contra sua condição de criadas. Essa transferência da palavra teatral para a rua comporta, pois, também um deslocamento no sentido inverso: não é no teatro explicitamente político de Genet (*Les Nègres* ou *Les Paravents*) de que a fórmula é emprestada, mas de uma história de conflito doméstico.

Poder-se-ia citar ainda a prática do jogo de palavras, como vimos no movimento Nuit Debout [Noite em Pé],[46] em Paris, com as seguintes palavras de ordem: *Préavis de rêve* ou *Rêve générale* ("Préavis de grève", "grève générale"),[47] transformação de uma forma de ação de protesto específica numa declaração de secessão que era também uma perturbação da relação "normal" entre o sonho e a realidade, ela mesma ligada à inversão dos tempos implicada na ideia da "Noite em Pé".

---

[46] Conjunto de manifestações públicas noturnas de contestação global das instituições políticas e econômicas que, originado na França, em 2016, realizou-se sem líderes nem porta-vozes, organizando-se em comissões e tendo por esfera decisória as assembleias gerais. (N. da T.)

[47] Em francês, as expressões brincam com a similaridade ortográfica e fonética entre *grève* (greve) e *rêve* (sonho). A primeira poderia ser traduzida como "Aviso prévio de sonho" e a segunda como "Sonho geral", que, em francês, soam quase como, respectivamente, "Aviso prévio de greve" e "Greve geral". (N. da T.)

Linguagem e imagens

DAS APARÊNCIAS AO APARECER:
CENAS DE EMANCIPAÇÃO

Javier Bassas — Antes de abordar de forma mais explícita a relação entre palavra e imagem, parece-me necessário começar refletindo um pouco mais sobre o sentido e o uso, em seu pensamento, da noção de "aparência" e sua relação com a emancipação. Identifiquei em seus textos um duplo uso desta noção, o que pode levar a mal-entendidos: neles, de fato, "aparência" designa tanto a falta de consistência das ilusões a que estão submetidos os homens capturados pela ideologia como a "introdução, no campo da experiência, de um visível que modifica o regime do visível".[48] Este duplo sentido do termo recobre, na verdade, duas acepções opostas: a da

---

[48] *O desentendimento, op. cit.*, p. 111. Cf. também, a esse respeito, a p. 103, onde Jacques Rancière estabelece explicitamente a oposição entre "as formas de um aparecer do povo que se opõe à 'aparência' metapolítica". (N. da T.)

alienação na metapolítica e a da emancipação segundo a concepção que você propõe para a política.

Agora, para evitar o duplo sentido de "aparência", pergunto se não seria mais conveniente e ajustado às distinções que você propõe em seus textos manter o termo de "aparência" para designar estritamente o jogo entre a falsidade e a realidade da política, tal como a metapolítica a concebe, reservando a noção de "aparecer" — que se apoia na força verbal própria do infinitivo — para o processo de emancipação? De fato, você mesmo fala de "aparecer" para referir-se a um povo que produz um distanciamento em relação à figura de povo eleitoral para tornar-se sujeito político e criar, assim, um argumento e uma demonstração da igualdade.

No entanto, esta é apenas uma reflexão preliminar sobre a linguagem que me permite, de fato, introduzir outra questão mais importante sobre seu trabalho em torno da aparência e do aparecer. O que me interessa, efetivamente, é distinguir o uso de aparência/aparecer, em seu pensamento, do uso que a fenomenologia, especialmente a pós-heideggeriana, faz destas noções, em que o aparecer opera em um plano ontológico. Em poucas palavras, no seu uso do binômio aparências/aparecer, o "aparecer" — como processo que abre uma distância e produz uma subjetivação política — não se situa num nível transcendente em relação às "aparências" da metapolítica. Isto me parece essencial para pensar o papel desempenhado pela diferença ontológica no pensamento francês, cujas implicações para a relação entre filosofia e política estão em clara oposição ao seu trabalho, que sempre aborda a política a partir de dialéticas da imanência (aparência/aparecer, consenso/dissenso, polícia/política, *phoné/logos*) nas quais aparecer, dissenso, política ou *logos* não se situam num plano ontológico ou transcendente em relação aos outros termos. Como você se posiciona diante do pensamento da diferença ontológica que, declinado sob diferentes perspectivas, tem determinado o pensamento francês especialmente a partir dos anos 1960? Que papel acredita que este movimento teve na teoria e prática políticas, e em sua práxis de escrita?

Jacques Rancière — Não há, em meus textos, dois sentidos da palavra "aparência". Há duas relações com o uso dessa palavra: o uso que a converte, de fato, em um modo específico de ser e o uso que transforma este modo de ser em uma mentira que dissimula uma realidade oculta. Empregar duas palavras diferentes é ocultar a tensão que precisamente tal noção contém. Na tradição ocidental, a própria relação entre aparência e realidade tem uma dupla significação: a aparência é a máscara, a ilusão que se opõe à realidade escondida por trás; e também é o modo de ser que se basta a si mesmo, adequado aos homens livres, em oposição à realidade obscura em que os "homens mecânicos" são confinados. Essa dupla hierarquia está em questão nas revoluções estéticas e políticas modernas. A revolução é a constituição de uma esfera específica de aparência do povo que revoga a divisão entre o mundo da necessidade obscura e a cena da ação política reservada aos homens chamados livres. As festas revolucionárias não são simples diversões, são constitutivas de um modo de ser do povo político. A livre aparência conceituada por Schiller, que emprega o termo corrente "*Schein*", é uma aparência que não remete a nada além de si mesma, e é essa potência da aparência como potência de humanidade sensível comum que ele mostra já estar presente nos povos supostamente primitivos. A aparência não se opõe ao real, a aparência se opõe a outra aparência, como algo real se opõe a algo real. É o que significa *dissenso*. Trata-se sempre de certo nó do sensível e do inteligível que se opõe a outro nó.

O que quer dizer também, para mim, que uma ontologia é sempre uma maneira de absolutizar o dissenso, de remetê-lo a uma diferença primeira e fundamental. A isto se vincula a ideia de que o conhecimento ou a ação só são válidos se forem respaldados por uma potência original que fica por trás deles. Pensa-se, então, mais concretamente, que a ação política emancipadora só é válida se repousar em uma garantia ontológica. Assim, sob o fundo heideggeriano da diferença entre ser e ente, ocorreram diversas operações de relevo ontológico visando noções políticas. O espinosismo da potência ontológica das multidões veio dar uma garantia ontológica à noção marxista do desenvolvimento das forças produtivas e da luta de classes. O significante vazio lacaniano elevou-se à altura ontológica para fundamentar o pensamento gramsciano do bloco histórico. Um platonismo da ideia fez o mesmo para o comunismo marxista, enquanto a potência heideggeriana do aparecer fundava uma nova sacralização da república. Infelizmente, a diferença ontológica se volta igualmente contra todos que nela alicerçavam o porvir revolucionário: o outro do ser, o intratável, a dívida irredimível, o abismo sublime, vieram proclamar a vanidade ou a indignidade das ontologias que sustentavam as esperanças emancipadoras e acusar seus efeitos devastadores. E assim chegamos a essa curiosa mistura que poderíamos chamar de heideggeriano-marxismo, que hoje domina o pensamento intelectual no Ocidente.

Palavra e imagem:
a história dos regimes da arte

Javier Bassas — Gostaria agora de abordar as diferentes relações entre linguagem e imagem, partindo do texto intitulado "L'art de la distance" que você escreveu para acompanhar a exposição de Raymond Depardon na

Maison Européenne de la Photographie, e publicada em catálogo no ano 2000.[49]

Já na primeira página do texto, você se pergunta qual é o sentido de expor os livros de um fotógrafo. Seu interesse se concentra, então, no ato de expor — dispor no espaço — livros — e, portanto, linguagem — de um fotógrafo — um ofício que não consiste normalmente em escrever, mas sim em produzir imagens. Neste texto, suas reflexões giram em torno de noções como exposição, espaço, livros, linguagem e imagens. Lendo precisamente "L'art de la distance" e retomando certas reflexões que você propõe em seus livros, pergunto-me se os diferentes tipos possíveis de relação entre a linguagem e a imagem podem estar compreendidos nos regimes artísticos que você chama de ético, representativo e estético. O que acontece quando a linguagem impõe seu sentido à imagem e a reduz a ser apenas uma simples ilustração? Quando ela impõe seu modo de produção de sentido àquele da imagem (este seria o caso da arquiescrita derridiana)? Quando a linguagem deve se calar, porque a imagem saturou o sentido, nos deixando atônitos? Ou quando a linguagem invoca imagens, desdobrando sua capacidade mágica de convocar o invisível? Podem estas relações serem compreendidas nos três regimes que você

---

[49] Jacques Rancière, "L'art de la distance", in Raymond Depardon, *Détours*, Paris, Seuil, 2000.

propõe em seus textos e que servem, em "L'art de la distance", para explicar a relação entre imagens e linguagem em Depardon?

Jacques Rancière — Nesse texto, não propus a distinção entre os três regimes como quadro de referência para pensar a questão da imagem em Depardon, embora, é claro, algumas maneiras de "fazer-imagem" evocadas nesse texto remetam mais especificamente a um ou outro regime — como, por exemplo, ao uso representativo da imagem que deve ilustrar o sentido por uma presença sensível, mas sem que a presença sensível ultrapasse essa função. E isto acontece porque a fotografia de um repórter fotográfico — e Depardon vem desse lugar — é normalmente julgada por esta norma. É o que eu lembrei em outro texto: o jornalismo em geral está massivamente submetido à lógica aristotélica da verossimilhança. A partir daí, surge a questão dos desvios que o fotógrafo opera nessa norma, seja para intensificar uma obra de testemunho que privilegia a eficácia bruta da imagem em detrimento de sua adequação, seja para afirmar de várias maneiras uma distância política ou uma liberdade de artista — ou uma combinação de ambas — em relação à conexão normal entre sentido e sentido.

O quadro geral do problema é efetivamente, para mim, a relação entre sentido e sentido: entre o sentido como modo de apresentação sensível e o sentido como significação que deve passar por este modo de apresentação. Eu apontei, analisando a frase-imagem, que a relação entre frase e imagem era uma relação entre uma função de fraseado e uma função de interrupção que não era redutível às materialidades específicas das palavras ou das formas sensíveis.[50]

Se tentarmos pensar a partir daí o que chamamos genericamente de "as imagens", veremos que o regime representativo é o único que apresenta uma relação estável entre essas materialidades e essas funções. Na lógica representativa, há uma relação de complementaridade e saturação entre a palavra e a imagem. Nesta relação, a palavra tem a função de dizer e a apresentação visível tem a função de mostrar. A palavra deve evitar dizer demais, a apresentação sensível deve evitar mostrar demais, mas cada uma deve evitar fazer o trabalho da outra: a imagem não deve falar por si mesma, a palavra não deve mostrar por si mesma. Assim se estabelece uma correspondência baseada em uma dupla retenção. Isso é precisamente o que constitui, na arte, a verossimilhança e, na política, o consenso.

Logo, temos um estatuto representativo da imagem definido com bastante clareza: não temos contudo um estatuto ético ou estético de relação entre sentido e sen-

---

[50] Cf. *O destino das imagens*, Rio de Janeiro, Contraponto, 2012. (N. da T.)

tido que esteja fixado da mesma forma. Temos, mais propriamente, tensões internas a cada lógica e sobreposições entre as duas. Pensemos na forma que se opõe, na maioria das vezes, ao consenso representativo e que é frequentemente declarada como própria à modernidade: a da presença sensível do corpo e da imagem sem frase que nega o discurso, ou interrompe qualquer discurso. Essa concepção antirrepresentativa é, de fato, uma herança do regime ético — afirmação que pode se mostrar paradoxal, já que o regime ético parece estar fundamentado na proscrição das imagens. Mas esta proscrição, por sua vez, se funda numa ideia de imagem na qual ela é julgada em função de sua origem. Esta origem pode ser o artifício do marionetista que produz ilusões e manipula o espectador, como também pode ser o corpo cuja máscara preserva a imagem, a verdadeira imagem, como a Verônica de Cristo, ou a *imago* do antepassado em Plínio. No entanto, a maioria das teses sobre a indignidade da imagem advém do modelo ético da imagem como algo que provém de um corpo. É precisamente o que sustenta o discurso sobre o irrepresentável. Pensemos, por um lado, em *Shoah*, de Claude Lanzmann, onde a imagem é interdita, considerada obscena, e onde apenas a palavra pode expressar a potência do que aconteceu; mas, por outro lado, esta potência da palavra que obriga se mostra através daquele plano em que o antigo barbeiro de Treblinka começa a chorar quando lhe pedem para explicar o que acontecia na antecâmara da câmara de gás. Não se deve ver o sofrimento dos corpos! Mas deve-se ver o efeito no rosto de quem fala. Esta ambivalência mostra que a proibição ética da imagem se mistura a outra coisa: uma crítica à lógica representativa da história. O que Lanzmann recusa absolutamente é que a relação entre palavra e imagem transforme o extermínio dos judeus em uma história segundo o modelo aristotélico — ou seja, uma sequência racional de causas e efeitos que forneça uma explicação intelectualmente satisfatória para o genocídio. Este deve permanecer sempre como um escândalo. Por isso, Lanzmann pôde aprovar um filme como *O Filho de Saul*, no qual a omissão das imagens é amplamente compensada pela evocação sonora dos gritos dos corpos submetidos ao tormento, conferindo ao conjunto um aspecto completamente caótico.

É nesse ponto, precisamente, que o tratamento estético da imagem concorda com o tratamento ético: na rejeição de uma maneira de produzir imagens que dilua a presença sensível em sua significação. Mas concorda com ele, diferenciando-se ao mesmo tempo: a lógica estética exige uma consistência da presença sensível que seja capaz de resistência, embora rejeite que essa presença sensível se imponha como o real sem frase. É o que eu tentei pensar na noção de frase-imagem: a conjunção de uma potência de encadeamento e de uma potência de interrupção. A "realidade bruta" e a significação são mostradas em sua tensão, em vez de serem unificadas sob a forma do consenso, ou então completamente distanciadas, pela recusa da imagem mentirosa em nome do sentido ou da significação falsa em nome da factualidade nua.

A frase-imagem desloca simultaneamente o sentido do que é dito e o valor de consistência, o valor de realidade do que é mostrado visualmente. É o que tentei mostrar em algumas sequências paradigmáticas dos filmes do cineasta português Pedro Costa, como, por exemplo, em *Juventude em Marcha*. Há uma presença brutal dos corpos, mas esta presença, que poderia parecer a evidência documental de uma condição miserável, desloca-se constantemente e até se contradiz, por meio de uma dúvida sobre a história que explica: os episódios não se encadeiam uns aos outros, alguns flutuam como lembranças inatribuíveis, outros adotam o aspecto de pequenas cenas de teatro, ou contradizem o que é dito pelo que é mostrado. A certeza da presença dos corpos interrompe as histórias e, inversamente, as virtualidades de diferentes histórias desestabilizam a certeza dos corpos.

Javier Bassas — No entanto, seguindo nessa direção, permita-me fazer-lhe uma breve pergunta que sempre me ocorre ao ler seus textos, especialmente aqueles que tratam de cinema e literatura. É uma pergunta sobre a relação entre os regimes da arte (ético, representativo e estético) e uma certa cronologia da história do Ocidente.

Pergunto-me, por exemplo, se existem frases-imagem antes do surgimento do cinema, da fotografia moderna ou da arte contemporânea. Teria sua pesquisa levado a encontrar exemplos do regime estético antes do século XIX? Caberia, inclusive, estender a reflexão para o campo da literatura: seria possível encontrar esses "monstros sem coluna vertebral"[51] — que definem para você a literatura no sentido estrito de um modo de fala moderno — em momentos e obras que não sejam os romances de Flaubert, Conrad, Woolf etc.? Você escreve: "Na época de *A educação sentimental* e de *Lord Jim*, algo aconteceu com a ficção. Ela perdeu a ordem e as proporções pelas quais se julgava sua excelência".[52] O que me interessa é compreender o sentido preciso de "Na época de...". Seria apenas uma forma de expressão ou, na realidade, essa locução associa um regime a uma época da história? Neste último caso, o que faríamos com outras obras literárias

---

[51] *O fio perdido*, op. cit., p. 8.

[52] Em *La Parole muette*, Rancière parece afirmar efetivamente o estatuto precursor de *D. Quixote* para a literatura moderna quando declara: "No entanto, D. Quixote não é simplesmente o herói da cavalaria defunta e da imaginação louca. Ele é também o herói da forma novelesca, de um modo de ficção que coloca em perigo seu estatuto. É verdade que esses confrontos entre heróis de novelas e marionetistas pertencem a um mundo que ignora a ordem da literatura clássica. Mas não é por acaso que a nova literatura faz de *D. Quixote* seu herói", cf. *La Parole muette*, op. cit., p. 21. (N. de JB)

que também são "monstros sem coluna vertebral" antes da "ficção moderna"? Não existiriam, de fato, esses "monstros", esses "fios perdidos", como você intitula um de seus livros, em obras literárias anteriores ao século XIX, por exemplo, em Rabelais, Cervantes, Sterne ou Diderot, para mencionar apenas alguns exemplos que poderíamos considerar efetivamente como "monstros sem coluna vertebral"? Ou, para expressar de maneira mais teórica, até que ponto a ideia de "regime" artístico, como uma distribuição do sensível que associa uma maneira de ver, de dizer, de fazer, impõe uma correspondência entre tal regime de arte e tal época da história? Haveria, talvez, uma herança foucaultiana em sua abordagem?

Jacques Rancière — No exemplo que você cita, eu queria simplesmente destacar as referências temporais que correspondem a duas obras vistas como um desafio às normas da ficção. Não busquei, com essa expressão, definir uma "época" para a revolução ficcional. A grande maioria dos romances contemporâneos a essas duas obras segue as normas ficcionais que Flaubert e, mais ainda, Conrad infringem. Sempre disse duas coisas a esse respeito: primeiramente, um regime é definido por um funcionamento específico e não por um período histórico — as normas do regime representativo ainda hoje dominam muitos usos de palavras e imagens. Isto ocorre especialmente no jornalismo ou no cinema com vocação comercial. A poética representativa é, de certa forma, a poética do consenso em geral. Da mesma forma, as prescrições e proibições do regime ético recuperaram todo o seu vigor nos regimes políticos autoritários modernos. E, mais acima, já falei sobre como tais prescrições e proibições se entrelaçam com a crítica estética do consenso representativo.

Além disso, o regime estético se constituiu em torno de uma série de reivindicações de herança: reinvenção de uma Grécia autêntica e mais ou menos selvagem em oposição à Grécia domesticada da ordem clássica; celebração de gêneros que se desenvolveram à margem das normas dominantes, como o romance e seus heróis exemplares, de D. Quixote a Pantagruel; reabilitação de gêneros pictóricos menosprezados, como a pintura de gênero; novas maneiras de olhar as obras pictóricas do passado, alterando os critérios de apreciação. Havia "monstros" antes, mas eles estavam à margem. A revolução estética os coloca no centro, substituindo a lógica do modelo — e do desvio — pela lógica do exemplo. Portanto, há uma certa trans-historicidade dos regimes, e sempre me distanciei das ideias de "corte" [*coupure*], segundo as quais há coisas que, em determinado momento histórico, ainda não poderiam ou não poderiam mais ser ditas. Isso sempre foi minha distância em relação a Foucault, mesmo que o pensamento dos regimes artísticos seja claramente devedor do pensamento da *episteme*.

Dito isso, está claro que o regime estético se caracteriza precisamente por seu historicismo, por sua capacidade de acolher formas e gêneros proscritos ou minorizados nos outros regimes, e por tomar para si e transformar obras produzidas de acordo com as normas desses regimes. Logo, a lógica constitutiva do regime estético está ligada à extensão da capacidade de acolhimento, à supressão das barreiras que faziam com que, nos outros regimes, certas formas de expressão ou de representação não pudessem ser admitidas, ou mesmo pensadas. E ela está vinculada ao momento histórico em que se constitui o conceito de arte como esfera de experiência específica e, ao mesmo tempo, desprovida de fronteiras e capaz de tudo acolher.

A linguagem figurada: filosofia e literatura

Javier Bassas — Há ainda outro tipo de relação entre imagem e linguagem que me interessa especialmente, e que pode abrir um novo campo de reflexão. Isso ocorre em dois casos diferentes. Primeiramente, quando é a própria imagem que contém linguagem disposta no espaço (por exemplo, palavras pintadas, desenhadas, colocadas em uma página etc.) e também quando, inversamente, é a linguagem em si que contém imagens. É, na verdade, especificamente esta última figura que atrai a minha atenção, porque ela conduz à questão da linguagem figurada, ou seja, da linguagem que constrói seu significado remetendo aos sentidos humanos: à visão (claro/escuro, perto/longe, fixo/móvel, permanente/intermitente etc.), ao tato (rígido/macio, áspero/liso, quente/frio etc.), à audição (agudo/grave, contínuo/pontual etc.), ao olfato, ao paladar etc. A escrita literária sempre contém linguagem figurada, é algo que praticamente vai de si, porque na literatura há uma relação mais estreita entre escrita e percepção, entre escrita e imagem. Mas, de fato, toda escrita filosófica também cria sua própria linguagem figurada. Todo pensador ou pensadora produz, de fato, imagens quando escreve: em Husserl, por exemplo, a verdade é pensada a partir da evidência e esta, por sua vez, é figurada a partir da plenitude, da clareza e da proximidade. Assim, o que está mais próximo, mais claro e mais pleno é sempre mais evidente. Nesse quadro de reflexão linguística, qual é sua concepção e uso da linguagem figurada? Ou, de forma mais geral, qual é a relação entre seu pensamento e as imagens que você usa para escrever, as imagens que você cria escrevendo?

Jacques Rancière — Quanto à questão do figurado na filosofia, devo dizer primeiramente que não se trata, para mim, de criar mais clareza, mais plenitude de evidência etc., já que isso equivaleria a instalar-me em uma visão teológica, em que se trata de igualar a potência da irradiação da palavra divina, da presença divina. Ademais, a noção de "figura" em geral designa, no meu caso, um deslocamento semântico e não a evocação de uma forma visual ou carnal. Muitas vezes, é até o contrário que se passa: uma interpretação figural é uma interpretação que revela um sentido abstrato em uma presença sensível. E, na maioria dos casos, as imagens que surgem no discurso são imagens que obscurecem, que não esclarecem.

Para mim, de qualquer forma, uma linguagem figurada não é uma linguagem que cria imagens visuais e que se dirige à experiência sensorial, mas é uma linguagem que cria impropriedade, que cria um descompasso em relação ao que as palavras dizem normalmente — ou seja, uma discrepância em relação ao que as palavras normalmente dizem, ao tipo de ligação normal entre significado e presença sensível. É também uma linguagem que cria comunicação entre diferentes tipos de imagem. Uma linguagem figurada é, por exemplo, no meu caso, uma linguagem que vai aglutinar as palavras "oficina" e "artesão" tal como aparecem em Platão e as mesmas palavras em um texto operário. São as palavras como palavras que operam o deslocamento. A linguagem figurada, como a entendo e como a pratiquei sob a forma de operador teórico, não é uma linguagem que cria evidência sensível evocando sensações visuais, auditivas ou outras.

É, antes, algo como um refrão que faz com que as palavras circulem, afastando-as de seu campo semântico habitual. As canções infantis ou os refrões de canções populares têm efeito não pelas sensações que sugerem, mas porque, ao contrário, as palavras ali são apenas palavras em que tanto o significado abstrato quanto a sensação concreta tornaram-se igualmente obscuras, tornaram-se um único bloco de linguagem. As palavras têm efeito nos humanos — e nos humanos considerados supostamente os mais simples — como palavras que não se referem mais a um significado específico. É por isso, precisamente, que existem religião, poesia e revoluções. Isto é o que sempre tentei mostrar para aqueles que imaginam que há pessoas que vivem em palavras "abstratas" e outras que vivem em coisas "concretas". E, para demonstrá-lo, segui a potência de refrão das frases, e não o suposto poder de evocação sensorial das palavras. Poderíamos dizer que minhas "imagens" são refrões que, como blocos de linguagem, fazem circular as palavras e as sentenças arrancando-as de seu campo semântico normal. Elas podem, então, construir relações entre espaços heterogêneos, fazer com que as palavras da argumentação se comuniquem com as palavras da narrativa, as palavras nobres com as palavras supostamente prosaicas etc. Pois a pergunta que a figura coloca é: que tipo de uso de linguagem produz uma distância em relação ao uso consensual da linguagem e da representação sensível? O uso normal é aquele que coloca as palavras, as sensações e os indivíduos em seus lugares, dentro de mundos separados. Eu recorro, ao contrário, à impropriedade das palavras e à mistura de gêneros para criar um mundo comum.

Javier Bassas — Uma breve pergunta, seguindo o fio de sua resposta, que desloca a questão da linguagem figurada tal como eu a havia apresentado. Um deslocamento que faz parte do método de seu trabalho e que consiste, de fato, em deslocar certas noções da tradição filosófica para reposicioná-las em outra cartografia, em uma cartografia, por assim dizer, igualitária. Trata-se, então, de uma operação de ressemantização que é própria do pensamento? No caso do seu trabalho, considero esses deslocamentos como um ato de emancipação no próprio seio da língua: palavras cujo sentidos "consensuais" encontram, assim, uma espécie de "dissenso" léxico para desdobrar-se e responder a outros problemas que os que lhes foram atribuídos. Isso ocorre em seu pensamento não apenas com a expressão "linguagem figurada", mas também com emancipação, igualdade, estética — noções cujos deslocamentos são explicitados claramente em seus textos. E também é o caso, menos conhecido e, no entanto, essencial, da vontade. Você desloca, de fato, a noção de "vontade" para fazer com que signifique algo que não é simplesmente o ato de um sujeito que ativa uma ação com um objetivo preciso. Sobre o que se "quer", quando certas pessoas se reúnem com a igualdade como hipótese, você afirma precisamente: "vontade é o resultado, é a modalidade que o desdobramento do momento identitário assume".[53] Como "querer" a emancipação? E de que forma essa figura da vontade (pós-metafísica?) remete ao trabalho da vontade em seu livro *O mestre ignorante*?[54]

Jacques Rancière — Em primeiro lugar, acredito que concordo mais do que você com a tradição relativa à noção de figura. Você enfatiza o caráter sensorial, inspirado em certa interpretação da fenomenologia, enquanto eu permaneço na definição clássica da figura como desloca-

---

[53] *En quel temps vivons-nous?, op. cit.*, p. 31.

[54] Em *O mestre ignorante*, não há uma relação hierárquica entre a inteligência do mestre e a do aluno, pois há apenas uma inteligência, uma forma de inteligência, uma humanidade etc. No entanto, algo menos conhecido e pouco destacado pelos comentadores de Jacques Rancière, há sim uma relação de dominação entre vontades, onde a vontade do mestre se impõe à do seu aluno. Rancière escreve: "Chamaremos de emancipação à diferença conhecida e mantida de duas relações, o ato de uma inteligência que só obedece a si mesma, enquanto a vontade obedece a outra vontade"; e também: "Entre o mestre e o aluno havia estabelecido uma pura relação de vontade a vontade: relação de dominação do mestre que teve, como consequência, uma relação inteiramente livre da inteligência do aluno com a do livro", em *O mestre ignorante*, pp. 32 e 31, respectivamente. (N. de JB)

mento. Os deslocamentos que realizo são, muito frequentemente, deslocamentos que conduzem a sentidos mais antigos das noções, sentidos que foram mais ou menos obscurecidos pelas imagens a eles associadas: por exemplo, a noção de "proletário" que retirei da imagem do operário de fábrica para conduzi-la a seu significado original — proletário é "aquele que faz filhos", o ser sem nome que contribui para a coletividade apenas com sua capacidade de se reproduzir.

Quanto à vontade, o que eu digo está claramente de acordo com minha concepção do sujeito como efeito e não como causa da ação. Vontade, portanto, não é uma noção que, em meu caso, tenha um caráter orgânico. É uma noção problemática com a qual, em uma ou outra circunstância, tenho que me confrontar. Em *O mestre ignorante*, esta noção é efetivamente crucial, mas é o próprio Jacotot quem a desloca. A questão central é, de fato, a do *possível* e do *impossível*. Existe uma ordem das coisas que declara impossível aprender sem um mestre explicador, impossível aprender de outra forma que não seja seguindo uma certa ordem, impossível ensinar aos outros o que se ignora. A questão é opor a este dispositivo consensual um dispositivo experimental que mostre a possibilidade do impossível. Não se trata de dizer que basta querer para poder. Trata-se de ver se o que é declarado como impossível não é, na verdade, possível e, para demonstrar que algo é possível, o melhor meio é mostrá-lo real, verificá-lo pelo fato. A "vontade" implicada nesse processo não é a potência de criar atos a partir de um centro. É, antes, a constância do trabalho experimental. O princípio desta constância, o princípio que esta constância alimenta é, para Jacotot, a opinião da igualdade das inteligências, o sentimento de que se pode o que podem os outros, exatamente na medida em que os outros podem o que se pode. A vontade designa a constância do processo que desloca os limites consensuais do possível. Essa é a concepção que tentei opor, em *En quel temps vivons-nous?*, às declarações escandalosas que apelam para a restauração da vontade. Desde que o comunismo — que, na tradição marxista, supostamente não era uma ideia, mas o movimento real que abole a sociedade capitalista — se tornou de fato uma ideia cujo modo de existência essencial é o dos colóquios filosóficos, alguns poucos acadêmicos nos interpelam para restaurar a vontade necessária para realizar esta ideia, começando, evidentemente, pelo partido de vanguarda. A isto, pretendi opor a "vontade" que é imanente a um ou outro processo efetivo de modificação da ordem das coisas e, especialmente, aos movimentos dos indignados, aos movimentos das praças ocupadas desses últimos anos. A vontade atuante nestes movimentos é a potência atuante em seus modos de reunião e de manifestação, a potência de superação e ampliação imanentes que os leva além de suas causas originais. Você me dirá que talvez não seja necessário chamar a isso de "vontade". Mas meu problema consiste, precisamente, em deslocar a problemática no seio da qual uma noção funciona, e não em dar minha definição pessoal dessa noção.

Javier Bassas — Permita-me, agora, voltar à concepção da linguagem figurada como uma linguagem que cria figuras, imagens, que constrói seu significado a partir da referência aos sentidos humanos. O deslocamento que você realiza da noção de linguagem figurada como uma linguagem que cria impropriedade não anula o fato de que, em sua escrita, certamente existe uma "figuração" — no sentido que mencionava anteriormente, de linguagem e sentidos humanos —, por exemplo, da emancipação, uma noção-chave em seu pensamento. Lendo seus textos, vemos efetivamente que o sujeito da emancipação não é um sujeito idêntico a si mesmo, de consciência plena, em contato consigo mesmo, fixo em uma posição, permanente ao longo do tempo, sempre visível etc. O sujeito que produz a igualdade, o sujeito da emancipação é descrito, ao contrário, como um sujeito desdobrado (e não idêntico a si mesmo), com seus vazios (e não de consciência plena), um sujeito móvel (e não fixo em uma posição), intermitente (e não permanente ao longo do tempo), um sujeito eclíptico (e não sempre claro) — ou seja, um sujeito de elipses que se opõe ao consenso que é figurado em seus textos como o "demasiado-pleno" [*trop-plein*].[55] Em Althusser, por exemplo, este sujeito não alienado é concebido, sem dúvida, de outra maneira, mais próximo da ideia de plenitude, assim como o Estado é apresentado como um "monstro frio" que impõe sua "rigidez" à sociedade que permanece, por sua vez, do lado da vida.[56] Haveria, então, uma certa figuração da igualdade? Gostaria também de lhe perguntar qual é exatamente a sua concepção da relação entre abstração e figuração, entre o inteligível e o material, e mesmo entre conceito e imagens ou, de modo mais geral, entre escrita filosófica e escrita literária. Se todo filósofo ou filósofa cria imagens em sua escrita, se toda literatura é pensamento, qual distinção você estabelece entre escrita filosófica e escrita literária? Esta dis-

---

[55] Cf., a esse respeito, certos fragmentos nas obras de Rancière em que a linguagem figurada é efetivamente convocada para articular a reflexão: *O desentendimento*, *op. cit.*, especialmente p. 95, e também pp. 45-8, 76, 108-9, 116. Em relação ao "*trop-plein*" do consenso, que define o deserto atual em nossas sociedades como um deserto não vazio, mas saturado, veja recentemente *En quel temps vivons-nous?*, *op. cit.*, p. 72. (N. de JB)

[56] Cf. *O desentendimento*, *op. cit.*, pp. 42-3, onde se lê explicitamente acerca da linguagem figurada em Althusser: "A noção de aparelho de Estado encontra-se de fato ligada à pressuposição de que Estado e sociedade se opõem, sendo o primeiro figurado como a máquina, o 'monstro frio' que impõe a rigidez de sua ordem à vida da segunda. Ora, essa figuração já pressupõe uma certa 'filosofia política', isto é, uma certa confusão da política e da polícia". (N. de JB)

tinção é operacional e útil em seu pensamento? Poderíamos reuni-las sob a noção de "escrita do pensamento"?

Jacques Rancière — Está claro que não há diferença linguística entre linguagem filosófica e linguagem literária. O texto filosófico pode empregar — e, eventualmente, inventar — um léxico específico, mas suas frases são construídas da mesma maneira que as outras. A questão reside em saber quais operações são realizadas com a linguagem comum. O tipo de operações filosóficas que realizo em minha escrita são operações de deslocamento e reconfiguração. Estas reconfigurações podem ter alcances diferentes, mas em todos os casos tentam questionar as separações admitidas entre os léxicos e as sintaxes. Em uma pergunta anterior, explicava minha recusa em reservar a palavra "aparência" para designar um uso definido, porque é precisamente seu duplo sentido e duplo valor que a tornam uma categoria da partilha do sensível, e é como tal que ela se constitui como objeto do pensamento. Meu trabalho sobre a palavra "noite" em *A noite dos proletários* pode ser pensado assim. Na introdução do livro, explico que a "noite" não é uma metáfora para falar de uma condição miserável, mas uma realidade material, outra maneira de decompor o tempo: a noite dos proletários é o tempo que ganham em relação à ordem normal do tempo, que destina o dia ao trabalho e a noite ao descanso. É uma questão de partilha do sensível.

No entanto, uma partilha do sensível é, evidentemente, a identidade entre uma partilha material e uma partilha simbólica.

Há, portanto, um espaço de metaforização da palavra, mas não se trata mais do mesmo uso da metáfora: esta já não é uma maneira de dizer uma coisa com imagens, mas uma dimensão constitutiva de um modo de ser — em seus gestos e suas palavras, os trabalhadores constantemente metaforizam sua própria condição. E é essa metaforização vivida que tento transcrever parafraseando a linguagem em que ela se expressa, mas também deslocando-a, criando uma zona de proximidade com outros modos de formulação que pertencem a modos de problematização e de figuração considerados "legítimos". Podemos dizer, então, que utilizo essencialmente as palavras e as formas de linguagem que são comuns à literatura e à filosofia, mas é para um uso diferente. Em uma ficção literária, mesmo moderna, as palavras geralmente conservam um significado constante, porém eu as desloco. Já não são instrumentos para explicar uma história, mas os personagens de uma história. Em última análise, faço o trabalho de pesquisa das noções, identificado geralmente com a tarefa do filósofo, mas não o faço seguindo os procedimentos geralmente atribuídos a essa tarefa.

Por trás da distinção entre escrita filosófica e escrita literária, há para mim uma oposição mais fundamental entre duas maneiras de usar a língua: a retórica, que tenta produzir a convicção ou o consentimento, e a poética, que tenta produzir uma nova maneira de sentir. Muitas vezes, o que é chamado de "rigor filosófico" não é mais que um agenciamento retórico. E a retórica tende sempre, mais ou menos, a vencer um adversário. O que eu busco, quanto a mim, é produzir um modo de compreensão que esteja justamente liberado de toda ideia de superioridade estabelecida — uma maneira de compartilhar, e não de dominar. Isto pressupõe um trabalho do pensamento através das imagens que me parece muito diferente do uso de metáforas consagradas como a desse "monstro frio" do Estado que Althusser retoma da tradição marxista — que, por sua vez, o havia tomado de empréstimo da oposição romântica entre o mecânico e o vivo. É como dizia antes: para mim, a escrita é um processo de investigação, uma forma, não de aproximar o leitor do meu pensamento, mas de aproximar meu pensamento daquilo que precisa ser pensado em uma ou outra distribuição de corpos e capacidades.

Sobre os autores

Nascido em Argel, em 1940, Jacques Rancière é Professor Emérito de Estética e Política da Universidade de Paris VIII — Vincennes/Saint-Denis, onde lecionou entre 1969 e 2000. Entre suas obras mais recentes, destacam-se *L'inconscient esthétique* (2001), *La fable cinématographique* (2001), *Le destin des images* (2003), *Les scènes du peuple* (2003), *Malaise dans l'esthétique* (2004), *La haine de la démocratie* (2005), *Le spectateur émancipé* (2008), *Moments politiques: interventions 1977-2009* (2009), *Aisthesis: scènes du régime esthétique de l'art* (2011), *Le fil perdu* (2014) e *Les temps modernes: art, temps, politique* (2018).

Tem os seguintes livros publicados no Brasil: *A noite dos proletários* (Companhia das Letras, 1988), *Os nomes da história* (Educ/Pontes, 1994), *Políticas da escrita* (Editora 34, 1995), *O desentendimento* (Editora 34, 1996), *O mestre ignorante* (Autêntica, 2004), *A partilha do sensível* (Editora 34, 2005), *O inconsciente estético* (Editora 34, 2009), *O destino das imagens* (Contraponto, 2012), *As distâncias do cinema* (Contraponto, 2012), *O espectador emancipado* (WMF Martins Fontes, 2012), *A fábula cinematográfica* (Papirus, 2013), *O ódio à democracia* (Boitempo, 2014), *O fio perdido* (Martins Fontes, 2017), *Figuras da história* (Editora Unesp, 2018), *O espaço das palavras: de Mallarmé a Broodthaers* (Relicário, 2020), *As margens da ficção* (Editora 34, 2021), *Aisthesis: cenas do regime estético da arte* (Editora 34, 2021), *O trabalho das imagens: conversações com Andrea Soto Calderón* (Chão da Feira, 2021), *João Guimarães*

Rosa: a ficção à beira do nada (Relicário, 2021), *Mal-estar na estética* (Editora 34/PUC-Rio, 2023) e *A lição de Althusser* (Ciências Revolucionárias, 2024).

Javier Bassas Vila, filósofo, editor e tradutor, nasceu em Barcelona em 1978. É doutor em Filologia Francesa e Filosofia pela Universidade de Paris IV/Sorbonne e pela Universidade de Barcelona, onde atualmente leciona no departamento de Estudos Franceses. Seus trabalhos se concentram na relação entre linguagem, política e estética, assim como na tradução do pensamento francês contemporâneo, dedicando-se, particularmente, às contribuições de Jacques Derrida, Jean-Luc Marion e Jacques Rancière. Deste último traduziu para o espanhol as obras *O espectador emancipado*, *As distâncias do cinema* e *O fio perdido*. É autor do livro *Jacques Rancière: l'assaig de la igualtat* (Barcelona, Gedisa, 2017).

Sobre a tradutora

Professora titular de Filosofia da Educação da Universidade do Estado do Rio de Janeiro, Lílian do Valle é docente do Programa de Pós-Graduação em Artes da UERJ e presidente da SOFIE (Sociedade Brasileira de Filosofia da Educação). Graduou-se em Pedagogia pela PUC-RJ em 1978, e concluiu seu doutorado em Educação na Universidade de Paris V/René Descartes em 1982. Realizou dois estágios de pós-doutorado na École des Hautes Etudes en Sciences Sociales, em Paris, em 1991 e 2007. Sua atuação concentra-se na área de filosofia da formação humana, tendo vertido para o português obras de Nicole Loreaux (*Invenção de Atenas*, 1994), de Cornelius Castoriadis (*Encruzilhas do labirinto V*, 1999) e de Jacques Rancière (*O mestre ignorante*, 2002). É autora, entre outros livros, de *A escola imaginária* (DP&A, 1997) e *Os enigmas da educação* (Autêntica, 2001).

Este livro foi composto em Adobe Garamond e Imago
pela Franciosi & Malta, com CTP e impressão
da Edições Loyola em papel Pólen Natural 80 g/m²
da Cia. Suzano de Papel e Celulose
para SOFIE/Editora 34, em junho de 2024.